Riccardo Bertoldi

Resti?

BUR Rizzoli narrativa

Pubblicato per

BUR
Rizzoli

da Mondadori Libri S.p.A.

ISBN 978-88-17-14474-2

Prima edizione Rizzoli: 2019
Prima edizione BUR: 2020
Terza edizione BUR Narrativa: novembre 2020

Resti?

A te che non ci credi mai,
ma alla fine ci speri sempre.
A te che dici di aver amato troppo,
ma mai abbastanza.
A te che il tramonto è solo tempo che passa,
e basta.
A te che ogni fine è sempre un nuovo inizio.
A te che ami la pioggia
perché lo sai che poi viene il sole.
A te che sei fragile,
ma cerchi di essere forte.
A te che avevi il cuore a pezzi,
ma sei riuscita ad aggiustarlo.
A te che apri sempre gli occhi,
ma dai tuoi sogni non ti svegli mai.

Tienili stretti, i ricordi.

Tienili stretti, perché i ricordi sono tutti quei momenti che ti hanno fatto diventare quello che sei.

Se li dimenticano tutti, gli attimi senza importanza.

Invece tu tienili stretti, perché ci sono tante cose che meritano di continuare a esistere.

Un giorno ti serviranno, tutte quelle giornate così buie che neanche riuscivi a vedere un raggio di sole, tutte le delusioni, e tutte quelle volte in cui te lo sei chiesto mille volte, perché fosse successo proprio a te.

Ti dirò di più, tieniti stretti soprattutto i momenti tristi, perché sono preziosi almeno tanto quanto quelli felici, se non di più.

La felicità sta ovunque, basta saperla cogliere.

Per il dolore invece non è così e ci sono dolori profondi, che non ti capiteranno più. Non bisogna dimenticarsi della sofferenza. Anzi va vissuta, perché racchiude un mondo di insegnamenti di cui fare tesoro per il futuro; magari insieme a qualche ferita, certo, ma quelle poi si rimarginano.

Penso spesso a come sarebbe la vita senza le lacrime, e mi dico che somiglierebbe a un giorno di sole tra tanti altri giorni di sole.

Hai presente, invece, quando spunta il sole dopo che ha piovuto?

I

I peggiori finali sono i migliori inizi

Ciao Elisa,

ti ho amata con tutti i se, i ma, i però.

Ti ho amata in tutti i modi in cui si può amare una persona.

Ti ho amata nonostante tutto, lì dove si nascondono le emozioni, quelle autentiche.

Ma in fondo doveva andare proprio così, no? Ce lo siamo sempre detti: ci sono persone che si sono amate talmente tanto che a un certo punto non si parlano più.

Oggi ti scrivo per dirti che d'ora in poi non ti cercherò, te lo prometto.

Mi sono detto che forse credo di amarti ancora solo perché sei andata via senza mai voltarti indietro.

Siamo fatti così, amiamo le cose che non tornano più.

Quest'anno la tua assenza è stata più presente che mai. Ma voglio dirti che non smetterò di scegliere l'amore, e che il tuo abbandono mi ha insegnato che stare accanto a qualcuno significa avere il potere di ferire senza farlo mai.

Sei scappata via terrorizzata perché avevi paura del futuro. Lo so, non è facile superare la prima fase di un amore giovane, quello di chi si bacia per strada perché ha voglia di urlarlo al mondo, e scoprire che una storia d'amore non è solo sorrisi inaspettati, lenzuola d'amore, trampolini nella pancia. Ma anche porte che sbattono, urla isteriche fatte di secchiate di parole che non si pensano, pianti di notte, paura di perdersi senza perdersi mai. Scegliere di avere qualcuno al proprio fianco significa prendersi anche la responsabilità di renderlo felice, di capirlo, di farlo sentire al sicuro, a casa, in un posto in cui tornare quando la vita picchia duro.

Tutto questo ti ha spaventato, e lo capisco. Però a volte bisogna disinnescarli, i litigi; fare un passo indietro per andare un passo avanti, ché in amore non serve avere sempre ragione.

A dire il vero l'amore non ha bisogno di nessuna ragione.

E anche se quello che più desideravo alla fine non è accaduto, non sono arrabbiato con te.

Avrei solo desiderato che mi volessi accanto nella lentezza della quotidianità, quando usciva fuori quell'autenticità che riservavo unicamente a te.

Avrei desiderato che fossi gelosa dei miei difetti.

Oggi sono qui per lasciarti un bacio per tutto quello che siamo stati, uno per quella che sei, e uno per quella che sarai il giorno in cui sentirai che non ti manca più nulla.

Non so esattamente cosa non ha funzionato fra noi: so solo che a un certo punto ci siamo incasinati l'esistenza a vicenda ed era già troppo tardi.

Ma se un giorno una punta di malinconia farà breccia nel tuo petto e ripenserai a noi, non piangere: alle lacrime ci ho pensato io.

Tu sorridi.

Ti prego.

Sorridi.

Andrea

Ho inviato l'email e per la prima volta dopo un'infinità di tempo ho sentito dentro la voglia di ricominciare.

Quando Elisa è partita per cercare fortuna all'estero, ho imparato che l'amore a volte ti spacca le costole, e ho ringraziato gli amici che avevo accanto, e anche i fiumi di alcol, e la musica, quella alta che ti fa sussultare la pancia, e la notte, pure. Perché se sei circondato da un mare di gente, nonostante a volte si tratti di gente che nemmeno conosci, ti senti meno solo.

Poi però tornavo a casa stanco e ubriaco, e mi ricordavo che non era poi così bello quel letto vuoto, e mi veniva in mente quella notte, quando i suoi dormivano fuori e io la trovavo lì ad aspettarmi dentro il suo pigiama. E, ogni volta, prima di addormentarmi, sentivo quella morsa fra la pancia e la gola e mi dicevo che fa tutto più male al buio, anche i ricordi.

Allora, chiedendomi dove fosse lei, me ne stavo lì, avvolto da tutta quella solitudine, a pensare che non c'è nulla di peggio che amare qualcuno con il cuore lontano da te. Una lacrima mi tagliava lo zigomo e mi veniva da mandare a fanculo il mondo.

È cambiato tutto quando mi sono detto che anche la tristezza è importante e che piangere non è sbagliato, perché è come ridere, in fondo, solo che nessuno ce l'ha mai detto.

È stato il tempo, il mio segreto: alla fine di una storia ci vuole quello necessario per imparare a lasciare andare. Lasciare andare i tramonti, il cielo, le stelle e tutti quei momenti che ti hanno spettinato lo stomaco, convinto com'eri che non sarebbero mai finiti.

E lasciare andare le giornate difficili, i pomeriggi delle bolle nel petto, tutte le volte che hai avuto paura di perderla, ma alla fine non la perdevi mai.

La fine di una storia spaventa sempre perché tutto quel mosaico di sicurezze che hai costruito va in frantumi e all'improvviso affonda dentro alla voragine che comincia a formarsi attorno alle tue scarpe da ginnastica.

Il mio tempo senza Elisa mi ha ricordato che nella vita ne ho viste di spalle che si sono voltate, di sorrisi che hanno cercato dimora altrove, di case diventate estranee. Ho sofferto, e non solo per amore.

Capita a tutti di provare un dolore così forte da

farci sentire fragili, e allora bisogna imparare che la solitudine non è stare da soli, ma sentirsi abbandonati dentro.

Però poi mi sono detto che non importa quante mani dovrò lasciare andare, quante lacrime dovrò versare, quante ferite dovrò curare. Non smetterò mai di credere nel "noi due", e nemmeno nel "noi due per sempre", perché che cosa possiamo amare, in un mondo che ci insegna a colorare dentro ai margini, se non il fatto che, invece, l'amore finisce sempre fuori?

Si chiama "scintillanza" ed è una polverina invisibile che inspiegabilmente fa sì che due persone si incastrino come i denti di una cerniera, sentendosi come i due pezzi di puzzle mancanti per finire il cielo. È così che l'affinità elettiva si trasforma in lunghe passeggiate senza il mondo attorno, in mani scaldate da tazze di cioccolata, in decenni di sguardi che ti fanno credere nel "per sempre" anche se prima non ci avevi mai creduto neanche per un secondo.

Perché non fa mica così schifo il per sempre, quando capisci che non esiste un posto sbagliato se sei con la persona giusta.

A quel punto ti sale dentro quella sindrome del lieto fine che, anche se molti non lo ammetteranno mai, è un po' il traguardo di tutti.

Ma allora mi sono chiesto: se davvero sogniamo tutti un amore di quelli che non si può spiegare, com'è che pensiamo sempre di amare ciò che abbiamo perso?

E poi finalmente ho capito: spesso una storia non è bella perché finisce bene, ma proprio perché finisce.

E i finali peggiori danno vita ai migliori inizi: è quello il momento in cui devi ricordarti di te e di tutti i tuoi sogni perché, come è vero che dopo la pioggia spunta sempre il sole, allora anche dopo le lacrime ci saranno sempre i sorrisi.

Anche per amare ci vuole la giusta quantità d'amore. C'è una parte del cuore di cui non possiamo dimenticarci. È quel pezzetto che custodisce la dignità che meritiamo. E non vale la pena barattare il bene che ci vogliamo per una traiettoria di sguardi che sì, ci restituirà il sorriso, ma il cuore mai più.

Ci sono persone che con gli occhi bevono ogni goccia di noi e ci restituiscono un guscio vuoto da riempire con piccole dosi di sogni e speranze.

Tenetevelo, un trancio di cuore; un giorno arriverà qualcuno che smetterà di svendere il vostro amore e vi farà capire perché non ha mai funzionato con nessun altro.

2

Nosellari

Sono cresciuto a Nosellari, dentro un mondo di montagne.

Per un bambino abitare qui vuol dire tante cose.

Prima di tutto significa vivere all'aria aperta tutto il giorno, tornare a casa con i pantaloni sporchi di verde e sentirsi sgridare dai propri genitori perché «l'erba non viene via». Vuol dire andare a caccia di lombrichi e insetti, catturare le cavallette dentro barattoli di vetro, correre in bicicletta e, una volta al mese, accompagnare papà a pesca. Significa lunghe gite in montagna e a metà strada essere caricati sulle spalle perché la salita è troppo ripida per delle gambe così piccole. E significa passare la vita nei boschi a costruire case sugli alberi.

Essere bambini di paese vuol dire avere una classe con sette compagni, diventare amici degli insegnanti, giocare a pallone per strada e indossare i maglioni di lana della nonna che fanno venire un prurito tremendo.

La vita di montagna significa soprattutto essere coccolato e vivere in un mondo così piccolo da farti sempre sentire a casa.

Vivere a Nosellari vuol dire anche restare fuori dal mondo. Ore di auto per andare al cinema, inverni inondati di neve, notti con quindici gradi sotto lo zero; vuol dire nascere con gli sci ai piedi, la slitta in soffitta e l'odore della natura dentro casa; svegliarsi con il *din-don* delle campane delle mucche al pascolo, avere una famiglia di sessanta persone, chiamarsi da una finestra all'altra a pieni polmoni, andare a fare legna nei boschi, passeggiare per strada in autunno con le foglie fino alle caviglie, bere l'acqua delle fontane. E del rubinetto.

Significa sentire l'odore del legno dappertutto: nell'aria, nei prati, in strada, nei parchi, dentro casa. E avere una stufa di quelle in cui si vede e si sente il fuoco crepitare, camini fumanti, e cantine scure e umide in cui giocare. Significa ore passate sulle altalene e sulle giostre del parco giochi, escursioni nel boschetto dietro al campo da calcio a strappare rami per farne dei bastoni da passeggio, o spade, o archi e frecce.

Per un bambino vivere qui significa avere nonni ovunque, dover andare in un altro paese per gustarsi un gelato, vedere i vecchietti riunirsi al bar la sera e fare notte a giocare a carte, stare lì con loro e imparare, e vederli bisticciare.

E amarli moltissimo, tutti.

Vivere qui significa anche diventare grandi più tardi, perché questo è un posto che non sta al passo con il mondo.

Vuol dire che crescendo, quando devi uscire dai confini entro cui sei stato per anni, vieni preso in giro per il modo di pettinarti, di vestirti, di pensare, e allora scopri che fuori da questa bolla è tutto diverso, e magari ci stai pure bene, in mezzo al casino, ma poi ti viene sempre voglia di tornare a casa, perché quando nasci immerso in una natura così, poi lei ti resta dentro.

Questo piccolo angolo di paradiso, che custodisce solo due vie e tre cognomi, ha per me una familiarità che mi sento nella gola.

Tutto il verde attorno e l'azzurro che veste l'aria fanno parte della mia vita da sempre, come la mia casa, il giardino e la soffitta.

Sa tutto di legno, lassù.

Da bambino mi ci nascondevo con i miei amici per scoprire quali tesori celasse: libri vecchi, slitte ricoperte di polvere, bauli abbandonati.

C'è una finestra addosso alla montagna e, se il cielo tuona, la pioggia sembra raccontare una storia.

Da lì si vedono i caprioli.

Quando i primi raggi di sole lambiscono le cime più alte, filtrando fra le mie ciglia ancora chiuse, apro le tende e li scorgo, belli come le montagne, che corrono nello sconfinato prato dietro la chiesetta del paese.

Da bambino, quando salivo sullo scuolabus che mi

portava alle elementari, schiacciavo il naso contro il vetro e li contavo.

Una mattina erano quindici. Da romperti il cuore.

Prima di alzarmi però bevo il caffè bollente che mamma mi porta a letto nonostante abbia ormai vent'anni.

Sono piccole attenzioni tipiche di un luogo in cui esiste ancora il calore familiare e una sacralità d'altri tempi, perché qui si vive una vita lenta, fatta di piccole abitudini che non cambiano mai.

Anche i pasti seguono questa tradizione. Si pranza sempre alle dodici in punto e si cena alle diciannove, al rintocco delle campane, un suono che, quando lo sento, mi fa venire in mente una miriade di ricordi.

Era quello il suono che mi avvertiva di dover tornare a casa. Spesso veniva anticipato da papà che si affacciava alla finestra urlando il mio nome, ma fino al primo rintocco non mi avviavo mai.

«Andrea, sveglia! Sono le nove, scendi a prendere il pane. Altrimenti Bianca si arrabbia.» La voce di papà mi fa sobbalzare sul materasso. Bianca è mia mamma.

I miei genitori hanno il bruttissimo vizio di svegliarmi presto anche quando non devo andare all'università.

«Arrivo!» urlo, di rimando.

Bevo il caffè che mamma mi ha portato poco fa, indosso la prima maglietta che trovo nell'armadio, passo in soggiorno, saluto con un cenno e scendo di sotto.

Il pane viene consegnato dal furgoncino bianco del

panificio. Mamma, la sera, prima di coricarsi, lascia fuori dalla porta una piccola cassetta in legno che al mattino contiene un sacchetto con un nome sopra. Sul nostro c'è scritto NICOLA X 5, dove il X 5 sta a indicare il numero di panini. Nicola è il nome di papà.

Torno di sopra e verso del latte in un bricco che metto a scaldare sul fornello.

L'abitudine di fare colazione con latte e pane mi è stata tramandata da nonna, che abita a trecento metri da me, ovvero ai confini del paese.

Alla prima cucchiaiata Aragorn comincia a leccarmi la mano. Papà voleva chiamarlo Gandalf, ma un cane con la barba proprio non me lo immaginavo.

«Buono, buono. Ora andiamo» mugugno.

«La gente è matta. Senti qua. *Milano. Bambino travolto da automobilista ubriaco.*» Mio padre rientra dal balcone, sventolandomi il quotidiano in faccia.

«Di certo qui non capiterebbe mai. Là invece i bambini saranno talmente tanti che non è mica facile schivarli.» La mia è un'ipotesi, perché a Milano non ci sono mai stato.

«Non scherzare su queste cose, Andrea.» La voce di mamma sembra provenire dal bagno. Mamma urla sempre, anche quando siamo nella stessa stanza.

«Scusa» urlo anch'io, con un tono di voce ancora più alto del suo.

Poco dopo, esce dal bagno, così finalmente posso andarci io; mi lavo la faccia e mi passo una mano fra i capelli per sistemarli un po'. Sembro un leone.

Al mattino mi piace uscire con il cane. Il guinzaglio non serve mai, posso lasciarlo libero di correre mentre mi perdo nell'odore di erba appena tagliata mischiato al sapore dell'estate.

Saluto Luigi, il vecchietto che abita di fianco, intento a potare l'aiuola, e vado a chiamare Massimiliano, due case più avanti.

Ci sono amicizie che quando nascono poi non muoiono mai e Max è uno di quegli amici che ti attraversa la vita. Ci siamo conosciuti dentro al passeggino, così piccoli da non ricordarlo, e siamo cresciuti con un pallone fra i piedi e mille canzoni in testa. Max è quel silenzio che ti riempie, quel fare niente che invece è tutto, quel sorriso dentro i sorrisi. Non è vero che l'amicizia autentica si vede nelle mani che tremano e nelle pacche sulle spalle di quei giorni così tristi che sembrano non tramontare mai, perché il dolore ha il potere di creare un legame anche tra gli sconosciuti.

L'amicizia è quella mano che stringe la tua quando sei felice. Se non ci si vuole bene col sole, come si fa ad amarsi quando piove? Ecco, Max è quell'amicizia che ti senti scoppiare nel petto come un fuoco d'artificio, quell'amicizia che non ha dubbi, a cui non serve niente per esistere.

Lui abita con i suoi in un piccolo appartamento tra la mansarda in legno della nonna e una cantina buia dove per anni ci siamo nascosti a giocare a pallacanestro e a inventare storie di archeologi alla ricerca di antichi tesori dimenticati.

La nostra passeggiata del mattino è un rito, come quello di tornare a casa al suono delle campane.

Passeggiamo verso Prà di Sopra, un paesino di tredici case che si raggiunge percorrendo un sentiero fra gli alberi, teatro delle nostre prime storie d'amore.

A metà strada ci sono due piccole vigne che di notte si accendono di centinaia di lucciole.

A dodici anni, in mezzo a quelle vigne, ho dato il mio primo bacio a Chiara, una ragazza dal maglione arancione che era in vacanza a Nosellari.

Chiara era molto corteggiata, perché era bella come le cose che vengono da lontano.

Io nemmeno ci speravo, poi un pomeriggio Camilla, la figlia del pastore, mi aveva confessato che il cuore di Chiara apparteneva a me.

Era stata una dichiarazione inaspettata, ma a ben pensarci, qualche volta ci eravamo scambiati delle occhiate veloci, mentre io rincorrevo il pallone e lei leccava un gelato, che evidentemente volevano dire qualcosa. In ogni caso non cambiò molto: io dicevo a tutti che lei era la mia ragazza e lei faceva lo stesso. Anche questo me l'aveva detto Camilla.

Un pomeriggio di nuvole minacciose avevo mandato Max a chiederle se volesse venire a casa mia a vedere un film con noi. Ci eravamo seduti sul letto, avevamo spento le luci e, nonostante avessi le mani tutte umidicce, avevo trovato il coraggio di intrecciare le mie dita alle sue per sigillare il nostro sentimento.

«Quante ne abbiamo passate qui, su questa strada?» dico a Max.

«Se ci penso mi viene la pelle d'oca. Tu non hai mai voglia di scappare via da qua?»

Max giocherella con un rametto strappato da un cespuglio e con l'altra mano si scompiglia i capelli. Lo fa almeno duecento volte al giorno.

«Veramente no.»

Segue una di quelle pause che mi fanno preoccupare. «Lo so che magari sembra una stronzata, detta da uno della mia età, ma a volte mi sembra di non fare niente.»

«Cosa vuol dire che ti sembra di non fare niente?»

Max non è un gran chiacchierone, tutt'altro. Quindi se attacca con un discorso così vuol dire che c'è qualcosa che non va.

«Guardaci. Facciamo sempre le stesse cose. Non succede mai nulla. Le giornate volano via che neanche te ne accorgi. L'emozione più forte è quella di portare il cane a pisciare. Non mi fraintendere, mi piace, lo sai, ma solo perché ci sei tu.»

«Che ti prende? Io qui ci sto bene.»

Alza lo sguardo e tira il rametto nel bosco. «Forse crescendo ognuno ha bisogno di trovare il proprio posto nel mondo. Sono felice che tu abbia già scoperto qual è il tuo. Io, invece, non lo riesco a capire, se il mio è questo. Avrei voglia di andare lontano, di conoscere gente nuova, non perché gli amici che ho qui non vanno bene, ma per un arricchimento personale. E poi vorrei scoprire qual è quella cosa che possiedo solo io: quel talento, quella scintilla che mi distingue da tutto il resto. Lo so che sono giovane, però ho l'impressione che sia "adesso" che si decide il "poi". Ho bisogno di perdermi.»

«Di perderti? Max, ma si può sapere cosa ti sei bevuto ieri sera?»

«Certo, perché io sono sempre quello che beve, no? Altrimenti mica le posso pensare certe cose...»

«Non volevo dire questo, non t'incazzare. E comunque tu bevi troppo, lo sanno tutti.»

«Ma smettila.» Vuol fare l'arrabbiato, ma a me sembra che stia trattenendo una risata. «Voglio inseguire i miei sogni e per farlo devo andare fuori strada, scostarmi dal sentiero già tracciato. È sempre stato così, fin da quando eravamo piccoli. Ci hanno inquadrato in un mare di schemi e noi siamo stati costretti a smussarci per starci dentro. Ma se la vita, invece, fosse oltre? Vado fuori di testa se ci penso. Ho bisogno di perdermi per ritrovarmi. Come faccio a capire chi voglio diventare se prima non mi allontano da ciò che sono adesso?»

«E chi sei, ora?» Vent'anni che lo conosco e non l'ho mai sentito parlare in questo modo. Max di solito discute di auto, di ragazze, di musica, di ragazze, di passeggiate in montagna e di ragazze.

«Sono uno che porta il cane a pisciare. Se ripenso a quello che ha detto Pederiva, l'ultimo giorno di lezione, mi vengono i brividi.»

Pederiva è uno di quei professori che quando parlano ti fanno sentire piccolo così.

«E cos'ha detto? Non me lo ricordo.»

«Ha detto che non dobbiamo andare all'università per ascoltare quello che ci raccontano, che tanto lo possiamo imparare sui libri, ma per capire cosa ci piace. Hai capito come funziona? Io non ci avevo mai pensato prima.»

«Tutta questa filosofia mi sta facendo girare la testa.»

«Andrea, a volte mi sento come Giovanni.»

«Giovanni?»

«Sì. Giovanni, il vicino di casa di Francesca.»

«Gli è successo qualcosa?»

«No, non gli è successo niente. Ma ieri mi raccontava della sua fidanzata, Giulia. Mi ha detto che le vuole bene.»

«Be', è bello.»

«Bello? Dimmi che lo pensi veramente e giuro che chiudiamo qui questo discorso e ce ne torniamo a casa.»

«Okay, scusa, non volevo dire questo. Tu calmati, però.»

«No che non mi calmo. Non è bello, è triste. Ha ventidue anni.»

«Va bene, è triste, ma tu che c'entri?»

«Niente. Il punto è che lui non ha il coraggio di lasciarla perché ha paura di prendersi la responsabilità di rischiare. Lui lo fa con Giulia, io con la vita.»

«Sì, però non è mica la stessa cosa. Secondo me stai esagerando. Adesso tiri addirittura in ballo la vita...»

«E di Elisa che mi dici?»
«Cosa c'entra Elisa, adesso?»
«Anche lei è andata via...»
«Sì, infatti non l'ho mai condivisa la sua scelta.»
«Solo perché stava con te.»
«No invece.»
«Guarda che l'amore non significa mica stare insieme a tutti i costi. A vent'anni, qualche volta, è giusto scegliere se stessi.»
Sono rimasto in silenzio per un po'.
«Ieri le ho mandato una email» ho detto alla fine.
«Ancora? Oggi me le stai proprio facendo girare, giuro. L'hai bloccata quando vi siete lasciati e ora è un anno che le mandi email. Adesso basta, Andrea.»
Non ricordo di aver mai visto Max così arrabbiato.
«Questa è l'ultima. Sai che giorno era l'altroieri?»
«Mercoledì?»
«Il 4 luglio.»
«Sì, be', era sempre mercoledì.»
«Era il compleanno di Elisa.»
Max mi lancia un'occhiata di quelle che ti inchiodano al muro. «Le hai mandato una email per farle gli auguri?»
«No. Le ho mandato una email perché era il suo compleanno e io me ne sono dimenticato. Sai che cosa vuol dire? Vuol dire che Elisa non esiste più.»
Max continua a fissarmi.
«All'inizio mi sono spaventato, a scoprire che non c'è più nessuna traccia di lei in me, e mi sono sentito

terribilmente vuoto. È stato solo un attimo però, poi mi sono accorto di aver ricominciato a respirare davvero e ho sentito la porta del passato chiudersi alle mie spalle. Quest'ultima email è il mio modo di dire a me stesso che sono una persona nuova e finalmente felice.»

Mi sorride. Sembra più sereno, ora. «Partiamo insieme allora...»

«Partire? Ma per andare dove?»

«E che ne so. Dove capita...»

Quando rientro a casa ho un leggero mal di testa.

Mamma e papà si sono dati il cambio. Lei legge il giornale e lui è in bagno.

Vado in camera mia, mi affaccio alla finestra e mi guardo dentro.

La dobbiamo trovare tutti, la nostra emozione. È un po' questo il senso di tutto, no? Perché l'emozione è il segreto per amare la vita. L'emozione non ha bisogno di rumori, e non sono poi tante le cose che stupiscono in silenzio.

Non è forse il silenzio che custodisce la nostra capacità di amare?

Io ci penso spesso.

Sono belle le parole, e a volte azzardiamo un «ti amo», un «mi manchi», ma il cuore batte sempre più forte in quei piccoli intervalli fra una frase e un'altra, in quei silenzi pieni come l'universo: negli sguardi rubati, nel sesso prima di un addio, nei sogni che ti allargano lo stomaco.

Le emozioni sono tutto quello che sta fra pancia e cuore.

E lì, per me, c'è questo posto in cui vivono le cose che amo: le strade, i boschi, i silenzi, il vecchietto che ti regala le caramelle, le salite in bicicletta, l'odore del fieno, i funghi, le lucciole, papà che solca l'orto dietro casa, i panni stesi in giardino, il profumo delle montagne, il verde dappertutto.

Nosellari abita in me.

Ho solo paura di alzarmi una mattina e di non trovare più Max alla finestra.

3

L'amore è questione di dettagli

Mica te li ricordi, i gesti folli, quando finisce una storia.

Non ti ricordi dei viaggi o di quei settecento chilometri solo per guardarla ridere, né di quando le hai detto che l'avresti portata a mangiare la pizza e invece vi siete ritrovati su un aereo con destinazione "noi".

Appena finisce una storia succede che la sua assenza si intrufoli in momenti di straordinaria quotidianità: quando esci a bere un caffè, quando l'acqua del lago ti tocca la punta dei piedi, quando viene la pioggia dopo il sole, quando sei circondato di gente ma ti senti solo come un cane.

Quando ti sembra di sentire un respiro lungo sostituire tutti quelli corti e all'improvviso vieni assalito da una serie di minuscoli ricordi felici, che te lo tirano proprio fuori un bel «vaffanculo»; la rivedi dentro il suo pigiama di pile che quando ti mettevi a letto ti teneva un caldo boia, per non parlare di tutte quelle litigate, quando avevi palesemente ragione ma poi lei d'un tratto se ne usciva con «non capisci che ho paura di perderti», con tanto di occhioni lucidi, e alla fine la tua voce si abbassava di un'ottava, tu ti sentivi una merda e le chiedevi pure scusa.

Oppure ti ricordi di quella notte in macchina, quando ti ha messo la mano sulla gamba, e te lo sei proprio sentito dentro che un giorno avresti sofferto un casino a ripensare a quel momento.

E poi la sabbia che si sgrana fra i suoi piedi, le foto nuda mentre sei a lezione, i tramonti dal divano di casa, le serie TV, e ubriacarsi insieme e fare l'amore. E quando andavate a mangiare al McDonald's e te la ritrovavi davanti con quella bibita più grande di lei, mentre si spalmava la maionese su tutta la faccia. E ti sembrava bellissima.

All'improvviso ti sembra di aver lasciato il cuore da qualche parte, ma non ricordi più dove.

Anche l'infelicità sta nelle piccole cose.

Ora, però, è sparito tutto.

Il giorno in cui mi sono reso conto che Elisa non c'era più è lo stesso in cui ho visto Irene per la prima volta.

Nosellari ha accanto una collina e dietro la collina c'è Lavarone e a Lavarone c'è un lago che è uno specchio.

Mi siedo al tavolino del bar che mi ha visto diventare grande e mi lascio andare all'indietro per riempire i polmoni, quando in sella a una bicicletta rossa arriva una ragazza che non ho mai notato prima e che si siede a qualche metro da me.

Da dove sono riesco a sbirciare il suo profilo: le gambe accavallate, i capelli d'oro, il triangolo di una maglietta bianca nascosta da una felpa un po' troppo lunga, le scarpe bianche e i jeans con il risvolto che lasciano la caviglia scoperta.

Ha due occhi così profondi che potrei naufragarci dentro.

La vedo muovere velocemente le dita sui tasti del telefonino, ordinare qualcosa al cameriere, sparire nella sua borsa e riemergere con un libro dalla copertina rossa. Si mette a leggere, mordicchiando una biro. Ogni tanto la fa svolazzare sulla pagina con un movimento secco.

Guardarla mi piace.

Ce l'ho sempre avuto, il vizio di guardare le persone. A dire il vero mi perdo a osservare quelle stupidaggini senza importanza in cui poi, in fondo, si nasconde l'amore.

Perché di cosa ci si innamora, se non dei dettagli?

L'amore non ha mica bisogno del trucco, delle scarpe con i tacchi o delle minigonne, quelle così corte che ti fanno girare la testa. L'amore non ha bisogno dei bicchieri di vino, delle cene fuori, di una maglietta scollata. L'amore non ha nemmeno bisogno della perfezione, perché se fosse perfetto allora non sarebbe amore. A dirla tutta, ora che ci penso, l'amore non ha bisogno di niente.

Colpisce e basta: lo fa con un ricciolo biondo, con quel modo strano di tenere la cannuccia fra le labbra, con una risata diversa da tutte le altre, con quel modo tutto particolare di gesticolare, con il vizio di passarsi una mano dietro l'orecchio, con i suoi piedi nudi che camminano per casa, con i respiri del cuore di notte.

È fatto di piccolezze, l'amore.

E poi le persone che non conosco le trovo sempre affascinanti, perché sono tutte da scoprire.

Il cameriere le porta un cappuccino e una brioche; e lei inizia a fare tutto insieme: legge, sottolinea, mangia.

Sembra si muova al ritmo del mondo.

Mi piace il modo in cui i capelli le ricadono sul collo e come li accarezza dietro l'orecchio.

Finita la colazione, la osservo alzarsi, raccogliere tutto e allontanarsi senza degnarmi nemmeno di uno sguardo.

Lei rimonta in sella e io sento che mi si è incisa dentro.

Per un attimo ho la folle tentazione di alzarmi e raggiungerla per chiederle di non andar via. Ma non lo faccio. Mi limito a seguirla con gli occhi fino a quando scompare, lasciandomi una strana sensazione addosso.

Ci sono persone che, ancora prima di conoscerle, te le senti dentro.

4

Le parole che aspettavo

A Nosellari le notti sono così luminose che il cielo sembra una torcia.

Questo, per quanto piccolo, è il mio mondo, e dentro, oltre a Max, ci sono anche Edoardo, Laura e Francesca.

Non ho fratelli, ma Edo è un po' come se lo fosse. È mio cugino, il figlio del fratello di papà, ma abbiamo un legame così forte che va oltre la parentela, oltre l'amicizia, oltre tutto.

Anche perché a Nosellari, a dire il vero, siamo un po' tutti parenti di tutti.

È uno di quelli che ti scaldano il sangue, lui. Uno di quelli che ti ricordano sempre quanto ci si può sentire vivi e che, in fondo, la vita non va poi presa così seriamente come dicono. Ha sempre la testa fra le nuvole, ma il cuore al posto giusto: ama i pantaloni con il cavallo basso, il culo delle ragazze e porta i capelli lunghi fino alle spalle. Qualche volta li raccoglie con un elastico e ne fa uno chignon e allora sembra che abbia una mela in testa.

Francesca l'ho conosciuta per merito suo, perché qualche anno fa l'ha abbordata in un locale e il giorno dopo si sono ritrovati a fare colazione insieme. Francesca ha gli occhi piccoli e un po' troppo distanti fra loro, però lui non credo che l'abbia mai davvero guardata attentamente. Non si sono piaciuti, a letto, e così la loro storia è finita ancor prima di iniziare, ma in compenso ha permesso la nascita di un'amicizia speciale.

Si erano spogliati dei vestiti prima di spogliarsi l'anima.

Laura invece l'ho conosciuta all'asilo: la prendevo in giro perché era grassa e la spaventavo così tanto che si faceva la pipì addosso. Non ci sopportavamo proprio, fino a quando una sera, per caso, ci siamo ritrovati ore e ore a parlare sotto casa. Abbiamo scoperto di aver sprecato un sacco di tempo a insultarci quando invece avremmo potuto usarlo per volerci bene.

A Nosellari, di notte, si va a Lavarone, al Bismarck Pub.

Nessuno però dice mai: «Andiamo al Bismarck Pub», si dice sempre: «Andiamo da Winny».

È un monumento, Winny: fa dei cocktail eccezionali e dei panini come quelli della nonna.

In quel pub di legno abbiamo trascorso serate indimenticabili a giocare a freccette e a litigare con il calcio balilla.

Di fronte al bancone c'è una portafinestra così vicina

alla montagna che basterebbe allungare il braccio per toccarla.

Dopo una serata passata a trascinarci in giro per Lavarone, Edo propone una cosa che non facciamo dall'anno scorso.

«Dài, andiamo!»

Abbiamo capito al volo.

«Fa ancora troppo freddo» gli risponde Max.

«Scordatelo» rincara Francesca.

«Forza, non rompete il cazzo!» Laura ha un modo di parlare che non te l'aspetti, soprattutto da una cicciottella come lei. Quando restiamo a casa a guardare serie TV, passo le ore a strapazzarle le guance e poi sono più felice.

«Io vado a casa.» Francesca incrocia le braccia come una bambina.

«E come?» Edo le fa ciondolare le chiavi dell'auto sotto al naso.

«Ti odio» bisbiglia lei, con una smorfia.

Io, invece, mi sono lasciato convincere dal "Non rompete il cazzo" di Laura.

Ci fiondiamo in auto. Edo accende, parte con un rombo e squarcia il buio con le luci dei fanali, scendendo fin sulla sponda del lago.

Ce l'abbiamo tutti un posto che è diventato nostro, anche se poi magari non sappiamo neanche perché.

Il mio posto è sempre stato questo specchio d'acqua. Ci ho passato notti intere, seduto fra questi fili d'erba a guardare la luce della luna giocare con l'acqua, a sentire il gracidare delle rane in sottofondo, e poi finalmente a meravigliarmi davanti a un'alba che sapeva di funghi e sottobosco.

Mentre scendiamo dall'auto mi viene voglia di raccontare ai miei amici della ragazza del bar, ma mi trattengo.

Mi sto quasi convincendo di essermi inventato tutto, perché mi sembra impossibile che siano bastati due occhi stranieri per far sì che il mio cuore si tuffasse dal trampolino.

E poi ho paura che, parlando di lei, se anche fosse reale, possa sparire davvero.

Sul lago ci sono due spiagge.

A una è impossibile accedere, perché il proprietario vive nella casa accanto e trascorre le notti affacciato alla finestra con la torcia puntata verso il basso.

L'altra invece è di amici, quindi è nostra.

A Lavarone è sempre un po' tutto di tutti, e noi, in virtù di quest'amicizia innata tra compaesani, riceviamo trattamenti speciali ovunque: al bar, al ristorante, nei negozi.

Scavalchiamo lo steccato e mettiamo i piedi sulla sabbia con il solito misto di spensieratezza ed eccitazione di quando facciamo il bagno a quest'ora.

È tutto diverso di notte: i respiri, le corse, le parole, i passi, i battiti del cuore. È di notte che nasce tutto: le amicizie, i progetti, gli amori.

La notte ha il sapore delle cose che iniziano.

E di notte qui è tutto diverso. C'è l'acqua, così buia da sembrare una voragine, c'è un cielo tempestato di stelle e un silenzio talmente irreale da sembrare finto.

«Sento freddo solo al pensiero.» Francesca si lamenta sempre, anche quando non c'è niente per cui lamentarsi.

Max le dà una spintarella. «Puoi sempre accasciarti su una sdraio.»

«Sì, penso che lo farò.»

Edo intanto è già nudo sul bordo del pontile e si muove come un ragno. Max e Laura lo raggiungono e si tuffano. Io li imito.

Il contatto gelido con l'acqua mi provoca un brivido lungo la schiena, ma dopo un paio di bracciate il freddo sparisce e mi sembra di vivere in una magia. Nuotiamo fino a quando ne abbiamo le forze, poi usciamo dall'acqua e ci sdraiamo accanto a Francesca, asciugandoci alla meno peggio con i vestiti.

«Max, prendi un paio di birre» gli dico mentre mi tampono i capelli con la maglietta.

Dietro alla spiaggia c'è un frigorifero per le bibite, di quelli stretti e lunghi che si aprono come una porta. È del chiosco accanto, e i proprietari di notte lo chiudono con una catena che passano tutto attorno, senza accorgersi che per aprirlo è sufficiente sfilarla dall'alto.

«Ecco qua.» Max mi lancia una Beck's. «Comunque, non si fanno queste cose.»

«Ormai non ci faccio neanche più caso. Sembra proprio che stia lì per noi, quel frigorifero.»

«Ne prendo una anche io.» Laura si alza. «E poi, Max, questo non è il tuo unico furto. Lo sappiamo tutti che sei un ladro seriale di caramelle gommose.»

«Non è la stessa cosa, le caramelle costano meno.»

«Sì, ma con tutte quelle che ti sei portato via negli anni avresti potuto comprarti una casa.»

«Una casa piena di caramelle gommose.» Francesca ha aiutato più volte Max a organizzare i suoi furti. Per sentirsi meno in colpa, lei faceva da diversivo e lui procedeva al furto vero e proprio.

È da lì che cominciamo a parlare di tutto.

Passare la notte in spiaggia ci fa diventare nostalgici.

È fatta di persone, la nostra vita. E poi di posti.

Ed è sulle persone e sui posti che si basano le amicizie: perché insieme formano i ricordi.

Sono innamorato di queste montagne perché sono innamorato delle persone che le abitano. Fra questi boschi si nascondono tutti i momenti che mi hanno visto diventare grande.

A Nosellari si vive all'aria aperta, e qui, in ogni piega di questo tempo, c'è tutto quello che ho vissuto con le persone che ho conosciuto e che poi sono andate via, e con chi invece c'è sempre stato e ora è qui con me, con i piedi nella sabbia.

«Certo che a guardarci indietro quante ne abbiamo passate?» ci chiede Laura.

Edo beve un sorso di birra. «E noi ci siamo sempre stati.»

«Cosa vuoi dire?». Max sfila una sigaretta dal pacchetto.

«Ne abbiamo conosciuta di gente in vent'anni. Abbiamo ricordi condivisi con tutti, noi però ci siamo sempre. È po' come se avessimo vissuto la stessa vita. È una cosa che penso spesso. È bello.»

«Ve lo ricordate quando siamo andati a pattinare sul ghiaccio e poi abbiamo incendiato il prato con un petardo? Me la sono fatta sotto davvero, quella volta lì.»

Questa storia salta fuori spesso.

«Non lo abbiamo incendiato noi. Sei stato tu, quindi non parlare al plurale» puntualizza Francesca.

«Sì, insomma, sono sempre io il colpevole. Io che rubo le caramelle e io che incendio i prati.»

Rido. «Se è per questo sei stato tu anche a spedire un criceto nello spazio, qualche anno fa.»

«Avevo dieci anni, non conta.»

Laura alza un sopracciglio. «Certo che conta. Per non parlare di quando tu e Andrea avete minacciato Rebecca.»

«Rebecca chi?»

«Rebecca, la bambina dei gelati.»

«Ah, lei...»

«Sì, cretino.»

Alle elementari Max era compagno di banco di una bambina che portava l'apparecchio e degli occhiali rotondi più grandi della sua faccia. Veniva sempre presa in giro da tutti e io le nascondevo le matite nel bagno.

Una mattina, a ricreazione, l'abbiamo minacciata con una pistola di plastica e l'abbiamo costretta a darci tutti i soldi che aveva. Lei ha vuotato le tasche tremando come una foglia e noi il pomeriggio siamo andati a mangiarci il gelato, sentendoci dei fuorilegge.

Solo che Rebecca poi ha spifferato tutto alla maestra e siamo stati sospesi da scuola e messi in punizione da mamma e papà.

A ripensarci siamo stati proprio stronzi.

«Comunque, un po' mi manca sapete?» Laura spazza via i miei pensieri.

«Chi, Rebecca?» le chiedo.

«No, cretino, l'adolescenza. Mi manca arrivare a casa in ritardo e dovermi inventare una scusa con i miei genitori. Mi mancano i cartoni animati del pomeriggio, tornare da scuola felice di trovare la merenda, e mi manca anche quando non avevo il cellulare perché "sei troppo piccola". E poi mi manca tanto quando passavamo le giornate a costruire le case sugli alberi e poi andarci la notte, per metterci in cerchio e raccontarci tutti quei segreti che con il buio ci facevano ancora più paura.»

«Oppure le notti in tenda e quelle alla festa campestre, quando avevamo il coprifuoco alle dieci e ci sentivamo così grandi che andavamo a dirlo a chiunque» aggiungo.

Bevo un sorso di birra e guardo le stelle, sentendola

scendere in gola. È uno di quei momenti in cui sono esattamente dove vorrei essere. «Abbiamo vent'anni e siamo già cresciuti. Siamo come i vecchietti che stanno al bar la sera a giocare a carte e a parlare dei tempi andati.»

«A me non dispiace» interviene Francesca. «Parlare del passato non vuol mica dire odiare il presente.»

Ha detto una cosa così bella che all'inizio siamo rimasti zitti, poi l'abbiamo usata come scusa per continuare a srotolare parole per ore, in questo luogo che appartiene a un mondo antico, immersi in un silenzio così assoluto da far rumore, insieme al buio, alle stelle, alla luna e all'acqua.

A un certo punto Edo inizia a raccontare una storia.

«A casa, in soggiorno, ho il "cassetto del casino".»

Edo racconta sempre delle storie. Ne sa così tante che secondo me se le inventa. Spesso parlano di lui.

«Aspetta» lo interrompe Francesca. «È una storia vera? No, perché se è come quella dell'ombrellino cinese dell'ultima volta giuro che ti uccido.»

La storia dell'ombrellino cinese resterà negli annali, ne sono certo. Due ore ad ascoltarlo per scoprire cosa diavolo fosse questo ombrellino cinese, quando la morale era che nessuno sapeva cosa fosse un ombrellino cinese.

«Sì, è una storia vera.»

Francesca allora assume la posizione di chi vuole ascoltare con attenzione.

«Nel cassetto del casino c'è dentro di tutto: i disegni fatti da bambino, pezzi di carta, scotch, cacciaviti, regali dimenticati, documenti importanti, fotografie, cellulari che non uso più, lettere d'amore scritte alle medie, matite, gomme, penne che non userò mai, i miei vecchi quaderni di matematica, righelli, souvenir, abbonamenti scaduti, biglietti dell'autobus, il diario del liceo, progetti lasciati a metà...»

«Ci sono dentro i ricordi, insomma» lo interrompo.

Edo mi guarda storto. «Ti prego, risparmiaci il tuo romanticismo. Non ci sono dentro i ricordi, solo cianfrusaglie. Ma non è questo il punto...»

«E qual è?» chiede Laura. «Comunque ce l'abbiamo tutti, il nostro cassetto del casino.»

«Il fatto è che l'altro giorno l'ho aperto e ci ho trovato dentro una scatola che non avevo mai visto prima. Era avvolta in panno rosso. Quando l'ho aperta sono rimasto senza fiato...»

A furia di parole si fa tardi, ma mentre Edo, Max, Francesca e Laura prendono la strada di casa, io ho voglia di passeggiare un po'. Mi riaffiora alla memoria il ricordo incerto di quella sconosciuta in bicicletta e del suo modo unico di sfiorare l'aria, ed è come incrociare il mio destino dentro una scena che sembra un quadro: è lei, su una panchina, di notte, il silenzio attorno, la bicicletta a terra, un libro in mano, gli occhi incollati alla pagina.

L'immagine mi commuove. Più precisamente, a farmi scoppiare una bolla nel petto è il fatto che mentre le passo accanto lei non alza lo sguardo dal mondo in cui è immersa. Forse nemmeno se ne accorge, del rumore dei miei piedi nell'erba, tanto si è buttata a capofitto in quella storia.

In questa ragazza che di sabato sera se ne sta su una panchina a leggere un libro ci vedo dentro tutto.

Decido di sedermi nel buio, poco lontano da lei, e di perdermi nello scorrere del tempo.

«Puoi smetterla di fissarmi?» mi dice, d'un tratto, dimostrandomi che avevo immaginato tutto.

Mi guardo attorno, magari si sta rivolgendo a qualcun altro, ma sono solo.

Visto che resto in silenzio aggiunge: «Tu sei il ragazzo che ieri mattina faceva colazione al bar, vero?».

A questo punto mi avvicino. In quel coriandolo di luce mi sembra ancora più bella.

«Siediti.» Mi fa un cenno.

«Scusa?»

«Ma sei scemo? Vieni qui.»

Ha un modo di parlare così schietto che colpisce dritto al cuore.

Mi siedo al suo fianco e do un'occhiata alla copertina. «*Uno, nessuno e centomila* di Pirandello. Impegnativo, per un sabato sera.»

Quando decide di posare per la prima volta il suo sguardo su di me, indossa una delle sue espressioni più belle: la sorpresa. Lo stessa che ho provato io ieri, quando l'ho vista arrivare in bicicletta.

Sono neri, i suoi occhi. Così profondi da farti fare un passo indietro per la paura, così belli da farti venire voglia di tuffartici dentro.

Come tutte le cose meravigliose, anche il suo sguardo incute un po' di timore.

«Anche tu il classico?» mi chiede.

«Scientifico con una vocazione per il classico.»

«Questa non l'avevo mai sentita.»

Sorrido e prendo coraggio. «Piacere, Andrea.»

«Piacere, Irene.»

Ci siamo presentati stringendoci la mano e quando ho sentito per la prima volta il contatto con la sua pelle ho capito che se non fossi corso via niente sarebbe più stato come prima.

Ha un piccolo neo sotto il labbro che mi cattura gli occhi, i pensieri, tutto.

«Come mai sei venuta qui, a leggere?»

«Questo posto mi aiuta a immaginare.»

«Non vivi qui, vero?»

Irene chiude il libro. «Sì, ma da poco, mi sono appena trasferita. E tu?»

«Abito qui vicino. Da dove vieni?»

«Da Torino. Nosellari per me è una novità, abituata come sono allo smog e al rumore delle macchine. Il primo giorno è stato un trauma. Tu sei nato qui?»

Annuisco. «Non è così male, poi ci si abitua.»

Irene ha un modo di guardarmi che mi chiude lo stomaco. Quando parla ha il vizio di arricciarsi i capelli, e lo fa con una tenerezza che nasconde un oceano di cose belle da scoprire.

La sua bellezza è uno scrigno di progetti, idee, vittorie, sconfitte, lacrime, sorrisi, sbagli. Così tremendamente semplice e inconsapevole, eppure così unica.

«Pirandello non l'ho mai letto, comunque. Soprattutto il sabato sera» aggiungo.

«È per questo che mi fissavi? Perché ti sembra impossibile che qualcuno possa passare il sabato sera su una panchina a leggere un libro?»

«Un po' sì. Ma anche perché ci stai bene, con un libro in mano.»

Irene abbassa lo sguardo per nascondere l'imbarazzo e mi guarda da sotto in su. È un'immagine che fotografo con gli occhi. Mai vista tanta dolcezza tutta insieme.

«Dovresti leggerlo. È un bel libro.»

«Lo farò. Facciamo un gioco, allora. Vuoi?»

«Che gioco?»

«Scambiamoci un libro. Non un libro qualsiasi però. Un libro che amiamo. Hai presente quelli che quando arrivi all'ultima pagina li chiudi, spegni la luce e non riesci a dormire perché ti senti ancora tutte le emozioni addosso? Ecco, un libro così. L'hai mai scambiato un libro con uno sconosciuto?»

«Non ho mai scambiato niente con uno sconosciuto. Figuriamoci un libro. Però mi piace giocare.»

«Allora facciamolo adesso. Sono così belle le prime volte.»

«Ci sto. Scegliamo una data.»

«Una data?»

«Sì. Una data per ritrovarci qui. Dopo aver letto i libri, però. Insomma, fissiamo un appuntamento.»

«Mi piace.»

«Però devi farmi una promessa.» Si blocca un attimo. «Anzi no, due promesse.»

«Quali?»

«Prima di tutto, se non ti piace il libro che ti ho consigliato non venire all'appuntamento, perché non avrebbe senso. Lo stesso vale per me. Se non trovo un pezzo di me tra quelle pagine vuol dire che non posso trovarlo nemmeno in te.»

«E la seconda promessa?»

«Devi promettermi che non ti innamorerai di me.»

Vorrei dirle che è troppo tardi, che non gliela posso più promettere quella cosa lì, perché credo di amarla già, o per lo meno amo già un sacco di cose di lei: quello sguardo che dice tutto, il modo in cui i suoi capelli vengono scompigliati dal vento, come usa le parole.

«Te lo prometto» le dico, invece.

«Molto bene. Allora, io ti consiglio *Lezioni di stile* di Raymond Queneau. Leggi la traduzione di Umberto Eco, magari.»

«Affare fatto.»

Il suo sorriso è bello come il mondo. «Tocca te.»

«Tu dovrai leggere *Momenti di trascurabile felicità*, di Francesco Piccolo.»

«Non lo conosco, di solito sono più per i classici.»

«Non l'avevo notato» le dico con un pizzico di ironia. «E comunque scusami.»

«Per cosa?»

«Per averti interrotta...»

«Non preoccuparti, posso ricominciare e leggere ad alta voce. Tanto ho iniziato da poco. Hai voglia?»

La conosco da cinque minuti ma con lei ho già voglia di fare tutto.

«Mi raccomando, però. Devi ascoltare con attenzione. Chiudi gli occhi.»

Irene abbassa lo sguardo e, con il tono di chi racconta qualcosa in cui crede davvero, comincia a leggere.

Stare con lei al buio è misteriosamente affascinante.

Legge bene, Irene. Così bene che mi sento un po' a disagio, come davanti a certe tavole eleganti, apparecchiate con dieci posate che non so quando usare.

Prima di salutarci fissiamo l'appuntamento.

«Ci troviamo qui, su questa panchina, fra dieci giorni esatti a partire da domani. Che ora è adesso?» le chiedo.

Lei sbircia sul telefono. «Le due.»

«Fra dieci giorni alle due di notte, su questa panchina.»

«Solo se ci piacciono i libri» puntualizza lei. «Fra dieci giorni alle due, su questa panchina. Quel giorno o mai più.»

5

Il rumore delle cose che si rompono

Ci sono vite che quando le incontri ti spettinano lo stomaco e ti provocano un terremoto nella pancia.

Incrociamo centinaia di persone al giorno, esistenze cui passiamo accanto distratti mentre fumiamo una sigaretta, mentre parliamo al telefono o mentre corriamo a un appuntamento per cui siamo in maledetto ritardo.

Poi un giorno, di solito uno qualunque, uno di quelli che corrono il rischio di essere dimenticati perché uguali a migliaia di altri, mentre stiamo pensando a quanto vorremmo imbatterci in due mani che, solo sfiorando, ci facciano sentire un trampolino dentro, d'un tratto ci sorprendiamo a pensare a quello sguardo appena incrociato, così inspiegabilmente diverso da tutti gli altri, quello sguardo che per un battito di ciglia ci ha fatto sentire in paradiso.

Ma com'è possibile, mi chiedo, che ti manchi una persona che non conosci? Può capitare che incroci due occhi e te lo senti nello stomaco, che sono quanto di più bello possa offrirti la vita?

È impossibile provare nostalgia per momenti che non abbiamo vissuto, eppure di lei mi manca il futuro, immaginare come potrebbe essere.

Mi dico che forse l'ho già incontrata da qualche parte: in una porta girevole, o forse ci siamo bisbigliati uno «scusa» chissà dove, o magari ci siamo scambiati un timido «credo che abbia sbagliato numero» al telefono.

Poi, però, mi dico che no, me lo sarei ricordato. Sono i dettagli che me l'hanno fatto capire: il modo di camminare, come si è stropicciata gli occhi per far scivolare via il sonno quando ci siamo salutati, quel piccolo neo sotto il labbro che la distingue da tutto il resto.

Mi sveglio con la gioia nel petto: una sensazione fragile che si posa su di me come una libellula, mi illumina e vola via. Ci sono momenti in cui il cuore si allarga all'improvviso e un'emozione senza tempo ci si intrufola dentro, rimane un attimo e se ne va.

Si chiama felicità.

«Se non metti a posto la camera giuro che butto tutto giù dal balcone.»

Mamma, quando è in vena di minacce, tira sempre in ballo il balcone: se vede qualcosa fuori posto dice che lo butterà giù dal balcone, se il cane la fa arrabbiare lo chiude fuori in balcone, e se le rispondo male minaccia di buttare me, dal balcone.

«Non è in disordine» le rispondo scocciato.

Fa capolino dalla porta. «Neanche i maiali vivono in questo casino.»

«Guarda che io nel mio casino mi oriento benissimo. È quando ci metti mano tu che perdo le cose.»

Lei mi guarda in cagnesco. «Tu non la troverai mai, una ragazza...»

Ecco un'altra delle frasi famose di mamma. Quando non sa a cosa aggrapparsi dice sempre: "Tu non la troverai mai, una ragazza", anche se magari ce l'hai, e lei lo sa, e la conosce pure.

«Sì, me lo dici sempre...»

«Tanto non serve a niente. Perché non mi ascolti.»

Mi sono alzato, ho fatto colazione e ho riordinato la camera.

Non lo sopporto, riordinare la camera. A dire la verità, non sopporto riordinare e basta.

Una volta ho letto da qualche parte che a ottant'anni avremo sprecato, in tutta la vita, circa cinquanta giorni del nostro tempo ad allacciarci le scarpe. Sono rimasto sconvolto e da quel giorno penso sempre a quanto tempo perdo a riordinare la camera e vado fuori di testa.

E poi non sopporto la domenica, perché a Nosellari la domenica si dedica a Dio.

Io gli voglio bene, a Dio, perché non mi ha mai fatto niente di male, ma per non dovermi svegliare presto per andare a messa ho deciso di non crederci più.

Mamma e papà però ci tengono tanto e li vedo così

orgogliosi di avere un figlio beneducato che alla fine li seguo sempre e non sollevo mai la questione.

Dopo la messa, nei giorni d'estate, si va tutti a mangiare gli gnocchi al campo da calcio. Si prepara un lungo tavolone a cui si siede tutto il paese, come una famiglia, e poi si gioca al Tiro alle uova, che consiste nel prendere delle uova sode, posizionarle in mezzo al prato e cercare di colpirle con delle monetine.

Qualche anno fa, durante una partita, Sergio, l'edicolante, e Gabriele, il panettiere, hanno litigato, si sono messi le mani addosso e poi per settimane Gabriele non è più andato a prendere il giornale e Sergio ha smesso di comprare il pane.

Mangio due piatti stracolmi, saluto tutti e mi viene voglia di andare a prendere Aragorn e di fare una passeggiata nel bosco.

«Possiamo venire con te?» mi chiede Laura, con la faccia tutta sporca di pomodoro.

«Oggi vorrei stare da solo...» le rispondo.

Max mi guarda come se fossi impazzito, Edo invece brontola un finto «bell'amico», che ci strappa una risata.

«Dài, inventatevi qualcosa. Sopravviverete anche senza di me per mezza giornata...»

«Puoi giurarci» mugugna Francesca, con la bocca piena. «Volevo sfidare Edo al Tiro alle uova; l'ultima volta ha perso miseramente...»

«Ma sentila...» Edo la guarda storto. «Preparati, questa settimana a casa mi sono allenato...»

L'ha buttata lì come se fosse una battuta, ma conoscendolo credo proprio sia vero.

Passeggiare mi piace, perché mi permette di pensare, e passeggiare nel bosco vuol dire camminare immersi nella musica: il canto degli uccelli, il ronzio degli insetti, il gorgoglio dei ruscelli.

Le chiome degli alberi catturano il silenzio e lo riempiono di parole.

Era tanto tempo che non sentivo il desiderio di stare un po' da solo, ma ci sono emozioni che prima di uscire allo scoperto hanno bisogno di trovare la giusta dimensione all'interno di noi stessi.

E poi gli alberi mi fanno pensare ai sogni.

Perché di cosa siamo fatti, se non di sogni? Di tutti i tipi di sogni: quelli mai realizzati, quelli a portata di mano, quelli che cerchiamo di raggiungere e soprattutto quelli che teniamo dentro al cuore.

Inseguiteli sempre, i vostri sogni, anche quando gli altri vi dicono che sono impossibili; lo fanno solo perché loro non sono stati in grado di realizzarli.

Non ponetevi limiti, i limiti non esistono. Siete voi l'unico limite ai vostri sogni.

Non lasciateli marcire in un cassetto. Non dite loro addio solo perché a un certo punto vi sembrerà tutto troppo difficile; quello sarà il momento in cui smetterete di essere felici e inizierete a invecchiare.

E non dimenticatevi neanche delle parole.

Sono le parole, il mio sogno: quelle non dette, che si incidono fra il cuore e la pancia, e quelle scritte, che invece restano incise nel tempo.

Uniscono, le parole. Come la musica.

Viviamo in un mondo in cui però hanno perso importanza: i «ti amo» sono in offerta al supermercato, ciò che diciamo si perde nel vento e l'apparenza ha la meglio sulla sostanza.

Invece le parole sono importanti, perché ci sono cose che perdono significato se non si dicono nel modo giusto.

Non pretendo di cambiare il mondo, ma solo di dire a chi vorrà ascoltarmi: «Vieni, ti porto in un bel posto». In fondo abbiamo tutti bisogno di qualcuno che ci prenda per mano e ci porti dove da soli non abbiamo il coraggio di arrivare.

Voglio scrivere un libro che possa rubare gli attimi e che possa raccontare l'amore, perché anche l'amore unisce, figuriamoci quando puoi tenerlo in mano e leggerlo.

Corre via nel profumo del muschio, il tempo.

È uno di quei giorni che durano un'ora.

Rincaso al suono delle campane che è già pronta la cena sul tavolo di larice.

«Dove sei stato?» mi chiede mamma.

«Nel bosco.»

Termino i funghi, lo spezzatino di cervo e la polenta,

piatto di tutte le domeniche, scivolo in stanza e regolo la musica a un volume bassissimo, poco più di un bisbiglio.

Mi addormento senza neanche accorgermene.

Vengo svegliato con il buio dai miei genitori, che parlano in soggiorno.

Urlano, anzi.

Spengo la musica giusto il tempo di sentire mamma.

«Sei una merda. Hai rovinato tutto. È finita, Nicola. È finita.»

La voce di papà è spaventata. «Scusa. Scusa cazzo. Non lo faccio più, porca puttana!»

Sento una porta sbattere e qualcosa andare in mille pezzi.

«Prendi le tue cose e vattene via. Lasciaci in pace. Sparisci. Non ti voglio più vedere. Dopo tutto quello che abbiamo passato, guarda come ti sei ridotto. Non hai pensato ad Andrea? Mi fai schifo! Lasciami.»

Mi metto a sedere a gambe incrociate dentro il buio pesto, con un tamburo al posto del cuore.

Penso subito a un tradimento.

Improvvisamente, mi vengono in mente tutte le sere che papà passa fuori casa a giocare a carte con gli amici e immagino subito un oceano di bugie.

Accendo l'abatjour, perché con la luce fa tutto meno male, anche le parole.

Mi sembra che papà stia piangendo, e a sentire quei singhiozzi penso che qualsiasi danno abbia fatto forse non si può davvero più aggiustare.

«Nicola, vaffanculo! Tutto per una birra del cazzo.»

D'un tratto ogni cosa riacquista senso e sento mancarmi la terra sotto ai piedi.

A sei anni, un'alba che non dimenticherò mai, mi sono svegliato per fare pipì e di fronte al bagno ho trovato papà steso sul pavimento. Sono rimasto immobile, in pigiama e a piedi scalzi, a sentire il cielo cadermi in faccia.

Papà invece, con la voce rotta, mi ha chiesto di chiamare la mamma.

Delle ore successive ricordo poco: mamma che piange al telefono, il dottore che visita papà, il suono di sirene lontane e poi vicine, papà che si allontana su un furgoncino bianco con una croce rossa disegnata sopra.

In quel periodo stavo da nonna fino a sera e mamma non la vedevo più.

C'erano tante cose che non capivo: nonna mi preparava la merenda con lo sguardo triste, il telefono squillava continuamente, il nonno recitava il rosario prima di addormentarsi.

Allora saltavo sul letto, lo abbracciavo e gli chiedevo: «Perché piangi?». E poi gli dicevo: «Tanto fra poco torna papà».

Mamma un giorno mi ha messo in mano un santino della Madonna, mi ha fatto salire in macchina e, invece di portarmi allo scuolabus, ha fatto una strada tutta curve, poi ha imboccato una galleria che non finiva mai ed è sbucata su una strada tutta dritta.

Ci siamo fermati davanti a un grande edificio bianco con tantissime finestre.

Anche dentro era tutto bianco.

Abbiamo percorso un lungo corridoio con tante porte. I miei passi rimbombavano nel silenzio.

Mamma si era fermata davanti a un uomo vecchio con gli occhiali e un vestito bianco, che mi ha messo una mascherina sulla bocca, poi mi ha dato la mano e mi ha accompagnato in una stanza, satura di odore di disinfettante.

C'era papà sdraiato su un letto bianco. Era collegato a tanti piccoli tubicini trasparenti che gli entravano nelle braccia e nella gola.

Gli ho detto «ciao», ma lui non ha risposto.

Allora la mamma mi ha spiegato che papà non poteva parlare. Però mi ricordo che aveva un sorriso sincero sulla faccia.

A vederlo così dimagrito le ho chiesto di comprargli un succo di frutta, ma poi ho capito che papà non poteva neanche bere o mangiare.

Allora mi sono seduto su un piccolo sgabello di legno e sono rimasto a guardarlo per fissarmelo nella mente, e poi ho appoggiato la Madonna della mamma sul comodino.

Poco dopo il signore con gli occhiali mi ha portato via.

Papà è tornato a casa tre mesi dopo: pesava quarantotto chili e aveva dei sacchetti attaccati alla vita.

Solo anni più tardi mi sono reso conto che avrei

potuto non vederlo più. Quel giorno mamma non mi ha portato a scuola perché aveva deciso, insieme ai medici, di darmi la possibilità di salutarlo per l'ultima volta.

Papà aveva già subito dodici operazioni che gli avevano lasciato dodici cicatrici sulla pancia e aspettava di andare via.

I medici non se lo sono mai spiegati come mai sia riuscito a vincere la sua battaglia, ma a mamma piace sempre raccontare che è merito della Madonna che gli ho lasciato io.

I medici erano stati chiari, però, prima di dimetterlo. Il suo pancreas era quasi distrutto. Gli sarebbe rimasto il diabete, e doveva assolutamente smettere di bere alcolici.

«Nicola, se bevi un bicchiere di vino muori.»

Proprio così gli avevano detto.

Nella penombra della mia stanza ho capito che papà va davvero a giocare a carte, ma anche a farsi del male.

Mi si riempiono gli occhi di lacrime e rovisto nell'armadio, alla ricerca una maglietta qualsiasi. Mi intrufolo nel corridoio che conduce in soggiorno. Il rumore che ho sentito poco prima non era altro che il vetro del tavolino Ikea che andava in frantumi.

Abbandonato lì sul pavimento, distrutto, sembra una metafora della nostra famiglia.

Da uno spiraglio della porta rimango a guardare i

miei genitori mettersi le mani addosso e sento dentro la paura di non vederli mai più insieme.

Mi tappo le orecchie per non sentire il dolore, attraverso il salotto, spalanco la porta di casa e scappo fuori, a correre sotto le stelle.

6

Corri il rischio di essere ridicola

«Andrea, sei tu?»

Laura mi trova seduto nel buio, sul ciglio della strada, con i capelli scompigliati e gli occhi gonfi.

Prende l'accendino. «Una sigaretta?»

Le sorrido mentre mi asciugo le lacrime con l'orlo della maglietta. «No, grazie, lo sai che non fumo.»

Laura mi sorride e mi sento subito un pochino meglio.

«Ma poi, scusa» le chiedo, «quand'è che hai cominciato a fumare?»

«Mai. Però stasera sono andata a comprarmi un pacchetto. Lo faccio, un paio di volte l'anno. Ogni tanto all'improvviso mi viene voglia di fumare. Così, senza motivo. Mi capita al mare, soprattutto.»

Veramente ci avevo provato a fumare, una volta, a quattordici anni.

Mi ero messo d'accordo con Max e Edo, che aveva rubato tre sigarette a suo padre, e ci eravamo nascosti dietro la chiesa. Max aveva portato tre lattine di birra, che aveva fregato in un negozio.

Ci eravamo seduti per terra, nascosti dagli occhi dei grandi, e ci eravamo sentiti grandi anche noi.

Avevo tossito fino a farmi mancare l'aria e avevo sputato la birra addosso a Edo, che mi aveva tirato un pugno. Max invece pareva già esperto. Teneva la sigaretta come un vero uomo e aveva bevuto la birra in un sorso solo.

«Vada per la sigaretta.»

Laura si siede e me la infila fra le labbra. «Tira in dentro.»

«Che?»

«Insomma, inspira.» Fa scattare l'accendino.

Sento il fumo invadermi i polmoni, trattengo un colpo di tosse e passo la sigaretta a Laura, che mi imita.

«Che cosa ci fai in giro da sola a quest'ora?» le chiedo.

«Serve un motivo per uscire a fare due passi?» Laura riesce a farmi dimenticare le urla di casa.

«È quasi l'una di notte... Come va con Davide, comunque?»

Stanno insieme da sette anni ormai. Si sono fidanzati quando avevano appena finito le medie e non si sono lasciati più. Lui è un tipo simpatico, solo che è un coglione: fissato con la dieta e la palestra, non parla d'altro.

«Ecco il motivo per cui sono qui.»

«Avete litigato?»

«Litighiamo sempre. In realtà è colpa mia, comunque.»

«Colpa tua?»

«Sì, perché sono arrivata a un punto in cui mi dà fastidio tutto quello che fa, anche se non fa niente.»

«Non hai mai pensato di lasciarlo?»

«L'hai mai visto *Sliding Doors*?»

«No, ma cosa c'entra?»

«È un film di Peter Howitt. Parla dell'effetto farfalla.»

«E che cos'è?»

«Te lo spiego in due parole: anche l'azione più piccola può cambiare il corso degli eventi. La farfalla è una metafora per indicare che il battito delle sue ali, per quanto minimo, potrebbe comportare un movimento di molecole tale da causare altri movimenti di molecole… fino a provocare un uragano.»

«Sì, ma che ansia però. Cosa vi succede a tutti ultimamente? Anche Max mi faceva discorsi strani, l'altro giorno.»

Laura mi zittisce con uno sguardo. «Helen viene licenziata e corre in metropolitana. A quel punto il film si divide in due: la vita di Helen qualora riuscisse a prendere il treno al volo, e la sua vita se invece lo perdesse. Nel primo caso rincaserebbe prima del tempo, troverebbe Gerry a letto con un'altra e si farebbe una nuova vita con James, resterebbe incinta e morirebbe investita mentre attraversa la strada. Nel secondo caso invece rincaserebbe più tardi, trovando il marito da solo, ma con evidenti tracce di un tradimento, si metterebbe a fare la cameriera e Gerry la tradirebbe di nuovo. Cadrebbe dalle scale in preda al panico e verrebbe ricoverata in ospedale, dove incontrerebbe James.»

«Tutto molto bello, ma questo che c'entra con Davide?»

Laura dà un'altra boccata alla sigaretta e guarda il fumo dissolversi in cielo. «Tu mi conosci da sempre. Sai come sono fatta e che in vita mia non ho mai preso una decisione che sia una. Sono un'indecisa cronica. Faccio fatica a scegliere anche cosa mangiare a colazione, figuriamoci tutto il resto. Comincio a pensare che sia per questo.»

«Per colpa dell'effetto farfalla?»

«Sì. Quando devo scegliere dentro di me scattano dei meccanismi strani e inizio a pensare a tutte le possibili conseguenze. Insomma, se scelgo questo succede questo, questo e questo. Se scelgo quest'altro succede questo, questo e quest'altro. Forse penso troppo, ma alla fine succede sempre la stessa cosa: niente. Sono incasinata, lo so. Mi sento persa, sai? Stando con Davide mi sembrava di aver deciso e adesso, dopo sette anni, mi rendo conto di aver sbagliato. Non puoi capire come mi sento. Ho vent'anni e penso già di aver fallito in tutto.»

«Sì, ma come sei negativa però. E poi se la tua storia con Davide finisce non vuol mica dire che hai fallito. Anzi!»

«Ma si può sapere perché ce l'hai con lui? Non ti ha mai fatto niente.»

«Non ce l'ho con lui. Però hai troppe qualità per stare con uno del genere. E non è che tu ne abbia così tante, eh.»

«Ma che stronzo!»

Rido. «Eddai, scherzo. Voglio solo dire che eravate già diversi a tredici anni, adesso non ne parliamo.»

«E come si fa?»

«A fare che cosa?»

«Ma che ne so: a scegliere, a essere coraggiosi. A volte vorrei essere come te.»

«Come me?»

«Ma sì, Andrea. Tu hai un sogno, vuoi diventare uno scrittore e fai di tutto per raggiungere il tuo obiettivo. Ti ricordi dieci anni fa? La maestra Milena ci aveva chiesto di fare un disegno che rappresentasse quello che volevamo fare da grandi e tu hai scritto una poesia che hai dedicato a Sara, la bambina con cui giocavi a Sailor Moon. Tu a dieci anni avevi già trovato il tuo posto nel mondo, io ne ho venti e che cosa sto facendo? A proposito, quanto fa ridere che giocavi a Sailor Moon?»

«Lasciamo stare, è una parte della mia vita che ho cancellato.»

«Meglio così...»

«Sai cosa, comunque? Mi fai arrabbiare. Pensi di non aver capito niente della tua vita e invece hai capito tutto. Quello che sta succedendo a te adesso capita a tutti, prima o poi. Sai quante storie sono finite dopo sette anni? O dieci? O venti? O cinquanta? Tu della tua vita hai capito tutto, perché sei qui che me la racconti: hai capito dove hai sbagliato e quindi sai com'è che sei finita a questo punto. Sai anche come rimediare e invece che cosa fai? Vai a comprarti un pacchetto di sigarette.»

«Tu la fai facile, ma io non sono come te.»

«Lo vedi? Perché dici così? Magari io sarò più coraggioso, magari tu farai sempre un po' più fatica di me a prendere una decisione. Ma ti serve solo un po' di forza, Laura. Sei infelice? Non ti va bene niente della tua vita? Allora forse è arrivato il momento, non credi?»

«Il momento per cosa?»

«Per cambiare. Hai vissuto nell'ombra, non hai mai osato essere veramente te stessa. Non hai mai fatto qualcosa di davvero stupido, perché avevi il terrore di uscire dalle righe. Corri il rischio di essere ridicola, fai quello che ti senti, fai quello che ti piace.»

Intanto Laura ha finito la sigaretta e ne ha accesa un'altra.

«E Davide?»

«Lo ami?»

«No. Gli voglio bene. Non so neanche spiegarti quanto. Sai di cosa mi sono accorta ultimamente? Che non sappiamo più cosa dirci. Quando i suoi dormono fuori e vado da lui, non ci rivolgiamo la parola per ore. Io guardo la TV e lui magari studia. Non è assurdo? Va bene la storia che con il tempo si evolve e cambia, ma così mi sembra troppo. A volte ho anche l'impressione di non vederlo davvero, come se la sua presenza nella stanza fosse una cosa di cui non mi rendo conto. Capita persino che abbia qualcosa da dirgli, ma mi accorgo di non avere voglia di sentire la sua voce, quindi ne faccio a meno. È come se con il tempo si fosse alzato tra noi un muro invisibile di cose non dette. Ci sono giorni che mi dà fastidio tutto: il fatto che appena suona la sveglia salta fuori dal letto, il modo che ha di lavarsi i denti, anche il suo odore.»

«Forse non stai bene con Davide perché non stai bene con te stessa.»

«Cosa vuoi dire?»

«Questa è una cosa in cui credo fermamente. Penso che per stare bene con una persona bisogna prima riuscire a stare bene da soli. Come fai a rendere felice qualcuno se tu non lo sei? Forse è per questo che ti senti così. Forse la tua storia con Davide è diventata solo uno specchio, che riflette tutti i problemi che hai con te stessa. Io ti conosco, non sei forte come vorresti far credere agli altri. Laura, ma tu ti ami? Me lo sono chiesto spesso, sai?»

Laura non mi risponde e smette di guardarmi negli occhi.

«C'è una cosa di te che ho sempre ammirato. Hai un dono fantastico, ed è quello di mettere sempre le esigenze degli altri davanti alle tue. Però adesso penso che tu debba essere egoista. So che cosa ti frena, oltre all'indecisione. Hai paura di ferirlo. Tu non sei neanche capace di uccidere una cavalletta perché ti dispiace, figuriamoci se vuoi far stare male il tuo ragazzo. Ma guardati! Hai bisogno di ricominciare, non sai più chi sei e devi ritrovarti. È come se fossi davanti a un muro altissimo ma largo solo un metro. Ci stai dietro e continui a sbatterci contro, invece di girarci attorno. Ascoltami, è arrivato il momento di fare un passo e scoprire cosa c'è dietro quel muro.»

Laura rimane in silenzio per un po'. Poi mi abbraccia.

È uno di quegli abbracci che ti rimettono lo stomaco al posto giusto.

«Andiamo da Winny?» le dico.

Sorride. «Andiamo. Magari Edo ci racconta una storia, poi.»

«Speriamo di no.»

«Io le odio le storie di Edo, sai? Fanno veramente schifo. Sono anni che vorrei dirglielo.»

«Anche io.»

Ridiamo mentre mi passa la sigaretta, faccio l'ultimo tiro e la schiaccio a terra con una scarpa, come se avessi fumato per tutta la vita.

È bello vivere in un mondo così piccolo, perché sai sempre dove andare quando hai bisogno di stare meglio.

Da Winny c'è Edo al bancone, impegnato a rimorchiare Martina, una ragazza di Lavarone che non gliela darà mai; ci sono anche Max e Francesca, e a vederli così, i miei amici, intorno a me, mi sembra di avere tutto quello di cui ho bisogno.

Grazie a loro e grazie alla chiacchierata con Laura

sono riuscito a non pensare per un po' a quello che sta succedendo a casa mia.

L'amicizia riesce a far sparire tutto il resto.

Quando rientro a casa trovo mamma che finge di dormire sul divano e papà che finge di dormire sul letto.

Vado in camera, mi infilo sotto le lenzuola e inizio a leggere il libro che mi ha consigliato Irene.

Mi piace, perché è un po' come averla lì con me.

Appena mi sveglio, scendo a prendere il pane che Gabriele ci ha lasciato nella cesta e, mentre faccio colazione, rientra papà, che come sempre è andato da Sergio a comprare il giornale.

Mi arriva un messaggio di Laura. "Ho lasciato Davide."

"Era ora" rispondo.

"Coglione" ribatte.

"Comunque, volevo dirti grazie."

"Per cosa?"

"Per ieri sera. Non sei stata invadente e non hai cercato di consolarmi. E l'ho apprezzato tanto, sai? Spesso, quando sto male, succede il contrario: vengo sommerso di parole e, alla fine, non solo sono triste, ma anche nervoso. E niente, in fondo a volte abbiamo solo bisogno che qualcuno ci offra una sigaretta."

Mamma e papà non si sono parlati più per qualche giorno, a un certo punto hanno ripreso a scambiarsi qualche parola, poi hanno ricominciato a dire frasi per intero e alla fine anche a baciarsi.

Non so cosa sia successo dopo quella tremenda litigata che ha fatto tremare la nostra famiglia. Non so se mamma e papà abbiano trovato un accordo per andare avanti, obbligati dalla mia presenza ingombrante, o se in fondo si amino ancora.

Però non ho mai chiesto niente.

A luglio, a Nosellari, cominciano a spuntare dal sottobosco i primi funghi, che impregnano l'aria di un odore che si diffonde ovunque, soprattutto quando piove.

Papà, fin da quando ero piccolo, mi ha insegnato a riconoscere quelli velenosi da quelli buoni, trasferendomi un sapere antico fatto di dettagli: ad alcuni va tagliato il gambo, ad altri va controllata la parte bassa del cappello.

Papà è un'enciclopedia della montagna.

Da bambino ero io che gli chiedevo di andare a funghi: mi piaceva camminare nella fitta boscaglia, con la luce del sole che gioca con la chioma degli alberi e quell'aria umida che nasconde odori incontaminati.

Dentro quel mondo di foglie abbracciavo papà e lo sentivo forte come una quercia.

Lui mi ha insegnato che i funghi vanno essiccati, prima di farci il risotto: si tagliano e si conservano nello sgabuzzino, tutti stesi sulla carta di giornale.

Poi, quando mamma li mette sul fuoco, la casa si trasforma in un bosco.

Qualche volta mi arrabbio, perché ne cucina una montagna, cosicché metà bisogna regalarli. Mangia funghi tutto il paese: gli amici, la nonna, mio cugino Loris.

Loris abita in un appartamento tra casa mia e il campo da calcio.

Gli altri cercano di stargli un po' alla larga, perché a detta di tutti è un po' strano.

A Nosellari, come in tutti i paesi, funziona così: basta che qualcuno dica una cosa perché poi la ripetano tutti.

Loris però è strano davvero.

È una specie di VIP della montagna, famoso per le sue trovate. Ne ha combinate di tutti i colori: ha fatto la pipì sullo scuolabus, ha toccato il culo alla professoressa di italiano con tanto di complimenti vivissimi, per non parlare del «vieni a pescare con noi, ci manca il verme» detto al professore di educazione tecnica.

In quell'occasione è stato espulso, picchiato dalla madre e messo in punizione per un mese.

Io non ci sono mai stato in punizione per così tanto tempo. Per una settimana sola sì, però. E proprio per colpa di Loris.

A nove anni, in mezzo a un cespuglio, abbiamo trovato dei pennelli e dei barattoli di vernice colorata, che abbiamo usato per colorare la casa del falegname.

Siamo stati scoperti perché sono tornato a casa con un arcobaleno al posto dei vestiti.

Io e Loris insieme abbiamo fatto di tutto: giocato a nascondino nel cimitero, fatto saltare l'impianto elettrico della chiesa e sfondato la finestra di Franco, un vecchietto che si lamentava perché il cane di Loris abbaiava durante la notte.

Sono sempre stato un bravo ragazzo, io, tranne quando passavo le giornate con Loris; o anche con Max, qualche volta.

Adesso siamo cresciuti e ho smesso di fare danni, Loris invece no. Non ci frequentiamo più molto, anche perché se ne sta tutto il giorno chiuso in garage a scolpire e dipingere. È veramente bravo. Qualche volta mi chiama per mostrarmi le sue opere e rimango senza parole. Crea e poi regala. In ogni casa di Nosellari c'è almeno un suo quadro appeso. Ce n'è uno anche al bar del lago, al panificio, e pure da Winny.

Gli sono davvero affezionato, perché mi ricorda papà. Anche lui ha il vizio di far arrabbiare le persone, ma possiede l'innata capacità di farsi perdonare tutto.

E così le giornate corrono veloci, tanto veloci che il giorno dell'appuntamento con Irene arriva talmente in fretta che neanche me ne accorgo.

La notte prima piove a dirotto e mentre rientro a casa, con i vestiti zuppi e l'acqua nelle scarpe, incontro Bruno, un vecchietto un po' strano che abita a duecento metri da casa mia. È seduto su una panchina, lo sguardo perso nel vuoto.

Mi fermo a salutarlo. «Ciao Bruno, tutto bene? Non hai freddo?»

Mi risponde senza voltarsi. «Torna a casa tua, se hai freddo.»

«Ora vado...»

«Aspetta...»

«Dimmi Bruno, hai bisogno di qualcosa?»

«No, non ho bisogno di niente. Senti, ma il tuo cane, come diavolo si chiama?»

«Aragorn.»

«Come? Vabbè, non importa. Abbaia troppo, non se ne può più.»

«Sì, lo so. Me lo dici sempre.»

«E tu te ne freghi.»

«Non è che me ne frego, è solo che non posso farci nulla.»

Bruno brontola qualcosa e io faccio per andare via.

«Fermati. Ma secondo te Voltaire aveva ragione?»

«Come scusa?»

«Voltaire! Ma voi studiate a scuola?»

«Guarda che lo conosco, solo che non capisco cosa c'entra con il mio cane.»

«Niente, cretino.»

«Ah. Scusami allora, è che non mi aspettavo nominassi Voltaire.»

«Solo perché sono matto? So cosa si dice in giro di me...»

Rimango zitto.

«Allora?»

«Che cosa diceva?»

«Che la felicità è un sogno e il dolore è reale.»

Lo guardo strabuzzando gli occhi. Questa conversazione è assurda.

«Non so. Immagino che sì, avesse ragione» gli rispondo. Mica volevo dare torto a Voltaire. «E secondo te?»

«Secondo me sei proprio un coglione.»

7

L'amore ci cambia sempre

Sono le piccole cose che custodiscono i battiti del cuore; quelle minuscole felicità racchiuse negli spicchi della nostra vita, che sbucano fuori in momenti di impensabile quotidianità.

E dove sta il segreto del sorriso, se non proprio negli attimi lunghi un battito di ciglia, quando all'improvviso riesci a percepire nello stomaco il senso profondo della vita? Eccola la felicità, sta in quelle piccolissime sfaccettature della realtà che rivelano a chi le sa cogliere una bellezza così rara da provocare un leggero brivido lungo la schiena, trasformando un attimo come tanti altri nell'emozione di tutte le prime volte.

È questo il senso del libro che ho consigliato a Irene, quel libro che ora ha addosso la responsabilità del mio futuro.

Ci ho pensato spesso a lei, in questi giorni, e ho avuto paura di non vederla più.

Mentre vado al nostro appuntamento, ho la sensazione di stare per scartare un regalo, perché non so che cosa mi riserverà quest'incontro.

È tutta da scoprire, Irene.

So che non ha senso, perché la conosco da poco. Eppure, è arrivata così all'improvviso, insieme a tutte le emozioni che mi ha scatenato dentro, che mi dispiacerebbe tanto se ora dovesse già andare via.

Continuerei a cercarla, probabilmente: nei sorrisi, negli occhi, nelle mani. Non la conosco, ma sento di avere un po' bisogno di lei, e non mi è mai successo, prima d'ora, di avere bisogno di qualcosa.

Esco di casa in anticipo. Un po' perché sono nervoso, un po' perché ho voglia di camminare.

Mentre passeggio verso il luogo del nostro appuntamento, penso a quanto sia curioso il destino. Io che ho scritto così tante parole, ora mi trovo ad affidare la mia felicità a pagine che non mi appartengono.

È proprio vero che a volte un libro ti cambia la vita.

Arrivo alla nostra panchina in anticipo, ma quando non la trovo mi preoccupo lo stesso.

Non mi sono mai piaciute le attese, perché sono una persona curiosa e ho sempre voglia di sapere come va a finire.

Oggi, invece, voglio scoprire come inizia.

Sono curioso di Irene e del suo mondo, perché ha saputo emozionarmi anche da lontano, e adesso mi piacerebbe capire com'è averla vicino.

Con i suoi occhi è riuscita a farmi sentire nuovo senza bisogno che cambiassi, e ora, mentre la aspetto, mi fa sentire vivo, anche se pensavo che non sarebbe mai più successo.

In questi giorni lontano da lei mi sono rifugiato nella scrittura e ho riempito pagine e pagine che parlano sempre di lei.

Ho voluto incidere Irene su un foglio bianco.

Che cosa succederà, se non viene? Dalla sua scelta non dipende solo il mio futuro, ma anche il mio passato. Sento che, se non mi illuminerà con il suo sorriso, vivrò per sempre con la sensazione di essermi perso qualcosa, come se Irene avesse potuto essere tutto, ma invece avesse deciso di non essere niente. Non mi rimarrebbe nulla, solo un mucchio di pagine che parlano di qualcosa che forse ho solo immaginato.

Rimango così tanto a pensare che l'orario del nostro appuntamento passa e Irene non arriva. Continuo a guardarmi attorno nella speranza di vederla, ma il silenzio rimane soltanto silenzio.

Allora mi alzo e cammino un po'. Alla fine decido di aspettare altri cinque minuti, poi dieci, e poi quindici, perché forse è soltanto in ritardo, mi dico. Solo che i minuti diventano venti, poi trenta, e alla fine mi chiedo se tutto questo abbia un senso. Mi guardo e mi vedo qui, in silenzio, ad aspettare una ragazza che non conosco, a cui ho consigliato un libro per poterla rivedere, e all'improvviso mi sento ridicolo. Ridicolo come ci si sente davanti alle cose belle, a dire il vero, ma pur sempre ridicolo.

Così decido di andare via.

Proprio mentre sto per allontanarmi, la vedo arrivare.

In un secondo Irene è capace di ribaltarmi la vita.

Indossa una felpa celeste e il solito sorriso. Si blocca un attimo e mi guarda emozionata.

Rimaniamo a fissarci: un incrocio di sguardi che mi restituisce tutto il tempo che ho trascorso senza di lei.

Si avvicina e si siede di fronte a me.

«Resti?» le chiedo.

«Resto.»

Le sorrido. «Per un attimo ho avuto paura che non venissi.»

«A dire il vero ero in anticipo anch'io, ti ho visto arrivare e sono rimasta a guardarti per un po'. Ero troppo nervosa.»

«Quindi il libro ti è piaciuto.»

«L'altro giorno ti ho mentito. In realtà l'avevo già letto ma non ho voluto dirtelo, perché questo gioco mi piaceva tanto. Non ho mai conosciuto qualcuno così.»

Le sorrido.

«E quello che ti ho consigliato io, ti è piaciuto?»

«Certo, ma sarei venuto comunque.»

«Come mai?»

«Perché lo senti subito quando qualcosa ne vale la pena.»

Irene mi guarda. «Te lo propongo io un gioco, ora.»

«Allora è vero che ti piace giocare.»

«Certo, pensavi che stessi scherzando? Il gioco è questo: portiamoci in un posto che indossa qualcosa di nostro.»

«Che cosa intendi?»

«Un posto dove hai un pezzo di cuore. Non è molto più intimo di scambiarsi un libro, a pensarci su.»

«Va bene.»

«Perfetto. Andiamo.»

«Adesso? Ma è tardi...»

«Non essere noioso. Vieni con me.»

«Dove mi porti?»

«Via.» Irene mi tende la mano.

Ho paura, quando sento la sua stringersi attorno alla mia.

Siamo fatti così, noi. In ogni istante di felicità scorgiamo il dolore, in ogni sorriso le lacrime, in ogni tramonto la notte; custodiamo nel cuore tutti gli addii, le parole d'amore andate altrove, le emozioni diventate bolle nel petto.

In fondo, l'amore ci cambia sempre.

Ci cambia quando arriva e porta il sole, e poi quando se ne va e lascia un dolore profondo tanto quanto lo era l'amore che abbiamo provato. E a ogni ripartenza ce lo riprendiamo, quel cuore che avevamo lasciato andare, e ogni volta lo stringiamo tra le mani un po' più ferito e ammaccato di prima.

Può guarire, il cuore. Si può tornare ad amare anche se si ha amato già, ma fa sempre un po' paura.

È per i coraggiosi, l'amore.

E quindi, quando sento il contatto con la sua pelle, quando mi rendo conto che si tratta di una promessa silenziosa, per un attimo sento la voglia di voltarmi e scappare via.

Poi però lei mi guarda, e senza dire niente mi fa capire tutto.

È che capita di disilludersi, qualche volta.

Succede quando si ama e poi si scopre di aver amato troppo, quando ci si guarda allo specchio e ci si vede ormai troppo diversi da se stessi per riconoscersi, quando il sentimento che ti è entrato dentro ti ha spinto a darti così tanto a qualcun altro da dimenticare di volerti bene. Allora, improvvisamente, ci si ritrova soli. Capita spesso che qualcuno prenda e poi, quando se ne va, si dimentichi di restituire.

Però provate a scordarlo, quel rancore, perché il dolore può trasformarsi in nuovo amore, ma solo se la tristezza si dimentica subito, altrimenti poi non ce la si dimentica più.

Non fate pagare le vostre precedenti sofferenze a chi arriva dopo.

E vi assicuro che arriverà il giorno in cui non avrete più bisogno di un posto in cui sentirvi a casa, perché, in qualsiasi angolo della terra sarete, vi basterà avere accanto qualcuno.

8

Quante vite ci sono in una sola esistenza?

Il modo di camminare di Irene mi scatena dentro quella particolare emozione che si prova quando si va verso le cose belle.

Ciò che mi vuole mostrare si trova in mezzo al bosco, oltre il lago ma prima della montagna. I rami creano un buio fitto, così passeggiamo mano nella mano per sentirci vicini. Le foglie degli alberi hanno addosso il profumo delle stelle.

«Come li conosci, questi posti?» le chiedo.

«Ho avuto molto tempo per me stessa ultimamente.»

«Passeggi spesso?»

«Passeggio sempre.»

«E dove vai?»

«Vengo qui.»

Proprio in quel momento sbuchiamo in una radura in cui sono stato solo una volta con papà. Ero piccolo e dovevamo raccogliere il muschio per fare il presepe.

Il cielo sopra di noi è un arazzo di stelle che fa diventare l'aria di cristallo e la luce della luna illumina la sagoma scura di una piccola tenda piantata poco più avanti.

«È tua?» le chiedo.

«Sì. È uno spettacolo qui, non è vero?»

«Ma non hai paura, quando vieni da sola?»

«E come fa a metterti paura un posto così bello?»

Mi stringe la mano e scivoliamo verso la tenda. Tutt'attorno ci sono le impronte di Irene.

«Lascio sempre tutto, quando vado via. Tanto qui non capita mai nessuno.»

«Ci vieni spesso?»

«Quasi tutte le notti. Forza, entra.»

Irene si abbassa e mi fa strada, mentre raccoglie una piccola torcia da terra. La fa scattare, illuminando coriandoli d'aria.

Dentro è tutto un mare di oggetti: libri, coperte, cuffiette per la musica, fogli, carte da gioco, magliette, calzini, bottigliette d'acqua, patatine, cuscini.

«Scusami per il caos. Non pensavo di portarci qualcuno.»

La guardo e mi sembra una fiaba. «Ma è magnifico» le dico.

Ci siamo solo noi e il silenzio della natura intorno.

Lei sorride, imbarazzata. Poi si siede a terra e io la imito.

«Ecco, questa è un po' casa mia.»

La guardo perplesso.

Irene ride. «Ovviamente ne ho anche una vera, tranquillo. Ma ti è mai capitato di non sentirti al posto giusto, a casa? Ti è successo sicuramente, perché succede a tutti. Io lo dico sempre che casa non è dove vivi, ma dove ti ci senti. E quando sto qui ho sempre voglia di sorridere. Magari dovrei smetterla di mangiare patatine, però.»

In effetti attorno a noi ci sono un mucchio di sacchetti vuoti.

Stare seduto lì per terra, con la voce di Irene che mi accarezza il viso e con attorno tutti quei dettagli che le appartengono, mi emoziona.

Questa ragazza ha lasciato la sua città, insieme a tutta la vita che ci ha fatto stare dentro, ha preso una tenda e l'ha piantata in montagna, lontano da tutti, in mezzo al bosco. Ci viene di notte per ascoltare la musica, per leggere un libro, per stare un po' da sola.

E a me pare di vederci l'universo, in questa cosa qui.

«Ti piace stare da sola?»

«Nella notte o nella vita?»

«In tutte e due i casi.»

«Sì, mi piace: ci sono attimi che non voglio condividere con nessuno, momenti di riflessione che tengo per me. Credo che sia importante tenere qualcosa per sc stessi. Mi piace stare da sola a guardare il mare, le nuvole, le stelle. E mi piace stare da sola qui, in questo posto che mi fa sentire in pace con il mondo. Poi, però, ci sono tramonti che non hanno lo stesso sapore, senza qualcuno a fianco; ci sono momenti difficili in cui vorrei allungare la mano e trovarne un'altra da stringere, incontrare lo sguardo di quegli occhi che sono il senso di tutto, sentire quella voce che aggiusta ogni cosa. E tu, di cos'hai bisogno?»

Ci penso un attimo. «Delle parole.»

Irene mi guarda. «Scrivi, vero?»

«Come lo sai?»

«Non sono molte le persone che hanno bisogno delle parole. Cosa scrivi?»

«Scrivo dell'amore.»

«Storie d'amore?»

«No, di tutto l'amore.»

«Di tutto l'amore?»

«Esatto. Mi viene da sorridere quando sento dire che le persone non sono più in grado di amare, perché invece l'amore è dappertutto.»

«Tu dici?»

«Guardati attorno. L'amore è nei ragazzi che si baciano per strada, nei vecchietti che vanno a giocare a carte al bar, nella cura con cui teniamo le cose che sentiamo nostre, nel pancione di una mamma, nei bimbi piccoli che vogliono essere già grandi, nelle persone che si abbracciano prima di prendere un treno, nelle urla, nei litigi, nella voglia di scappare, nell'attesa del sole, nelle onde del mare, nell'arcobaleno dopo che piove, in una cena fuori, nelle goccioline di vapore che appannano i vetri, nell'abitudine di ogni giornata, nelle infinite possibilità che la vita ci offre. In fondo non m'interrogo poi tanto su cosa scrivere. Quando metto l'ultimo punto, qualsiasi storia abbia raccontato, mi accorgo sempre di tutto l'amore che ci ho messo dentro.»

«Ci credi?»

«In cosa?»

«Nell'amore.»

«Certo che ci credo, e tu?»

«Mi ripeto ogni giorno di non smettere mai di farlo. Ma a volte ci sono dolori che mettono in dubbio tutto ciò in cui hai sempre creduto.»

«Me lo vuoi raccontare?»

«Che cosa?»

«Qual è il dolore di cui parli.»

«È il dolore che ho sentito quando mia madre ha detto: "Abbiamo finito, abbiamo impacchettato tutto", mentre mi guardava con aria soddisfatta e si passava una mano sulla fronte.»

«Se non ti va di parlarne...»

Irene però continua. «Avrei voluto risponderle che a me mancavano ancora un sacco di altre cose: i sorrisi, l'allegria, le parole, i baci rubati, le pacche sulle spalle, le mani sfiorate. Le ho risposto: "Finalmente", ma stavo fingendo.»

«Scusami, non volevo...»

«Ho trascorso gli ultimi giorni a Torino a inscatolare, sai? Libri, souvenir, lenzuola, vestiti, tappeti, armadi, strofinacci, scarpe. Avevo raggruppato la mia vita e l'avevo rimpicciolita tutta per farla stare in piccole scatole di cartone. Il mio mondo, a vederlo così, in pochi metri quadrati, non mi era sembrato più grande come pensavo che fosse. In compenso i ricordi che avevo accumulato erano tantissimi, e se avessi dovuto traslocare anche quelli non sarebbe bastato nemmeno un camion.»

Irene parla con lo sguardo perso nel vuoto.

Io avrei voluto dirle così tante cose che alla fine sono rimasto zitto.

«Mamma, qualche tempo prima, era rientrata da lavoro in anticipo e aveva scoperto papà a letto con una signora dai capelli lunghi e dagli occhiali grandi. Io non ero lì. Michela mi aveva invitata a cena perché avremmo dovuto studiare. Però la conosco bene, mamma, e non penso ci siano state urla; silenzio, piuttosto. Uno di quei silenzi che segue il rumore di qualcosa che si rompe. Uno di quelli che si trasforma nell'assenza dei rumori di ogni giorno: mamma che lavava i piatti con movimenti stanchi, che preparava la colazione senza sorriso, che mi salutava prima di andare a scuola con gli occhi che guardavano senza vedere niente.»

Irene racconta come si fosse tenuta dentro quelle cose per troppo tempo e avesse bisogno di buttarle fuori tutte insieme.

«Un giorno sono tornata a casa e ho trovato mamma che piangeva mentre puliva il lavello. È stato allora che ho avuto la sensazione di sprofondare in un burrone. Non ci ho più parlato, con mio padre. Non gli ho mai perdonato quel mosaico di bugie che ci ha costruito attorno. Quella notte siamo andati a dormire da nonna e mi pareva che il mondo si fosse rovesciato. Avevo sempre visto mamma così fiera, solida e irraggiungibile, prima. Improvvisamente, invece, l'ho avuta davanti con tutte le sue debolezze. Ho dovuto prendermene cura, in quel momento, come lei ha fatto con me migliaia di altre volte. Veramente lei ci provava sempre, a tenere insieme i brandelli della sua vita: mai una lacrima, mai un sospiro, mai un cedimento. Ma io vedevo la sua malinconia da una miriade di altre cose: dalle mani, dai sorrisi stiracchiati, dalle piccole attenzioni che mi riservava. Attraverso di me cercava di colmare il vuoto che papà le aveva scavato dentro.»

«E poi che cosa avete fatto?» riesco a chiederle.

«Una domenica che non dimenticherò mai siamo andate a prendere tutte le nostre cose a casa di papà. Io sono rimasta in un angolino del soggiorno, dal quale potevo vedere mamma aprire gli armadi e impilare ordinatamente tutto ciò in cui credeva fino a pochi giorni prima, mentre lui se ne stava seduto in cucina, incapace di alzare gli occhi dalla tazzina di caffè. Mi sono chiesta da quanto tempo ci avesse messe da parte per fare spazio a qualcun altro.»

Irene ha gli occhi lucidi, ma le lacrime non vengono fuori.

«Mi sembra ancora di vederla, mamma, curva sotto il peso di valigie, borse, scatole e sacchetti di plastica, aprire il bagagliaio della macchina e tirare giù i sedili posteriori, in modo da farci stare dentro più vita possibile. Poi un saluto a denti stretti, da lontano, gli occhi già rivolti alla strada e la portiera che sbatte. Il rumore delle cose che finiscono. Me la sono tatuata, sai?»

«Che cosa?»

«La lacrima di mamma mentre stringeva il volante per farsi forza e lasciarsi alle spalle tutto ciò di cui era innamorata. L'ho fotografata con il cellulare.»

«E tuo padre?»

«Da allora l'ho rivisto poche volte, sempre per caso. Cercavo di evitare il più possibile i posti che frequentava, anche se guardarlo da lontano mi faceva venire voglia di corrergli incontro e di abbracciarlo.»

Rimango in silenzio.

«Pochi giorni dopo aver lasciato la nostra casa mi sono fatta il tatuaggio con la lacrima, per ricordarmi che sceglersi è più importante di essere scelti. Lei non lo sa. A dire il vero non l'ho mai detto a nessuno, prima d'ora. Per un po' abbiamo vissuto a casa di nonna, fino a quando proprio lei non ci ha informate di aver incrociato papà in un parco, assieme alla signora dagli occhiali grandi. Pare che avesse un bel pancione.»

«Ma come ha potuto fare una cosa così?»

«Non lo so. Fatto sta che mia madre ha deciso di andarsene da Torino e io non ce l'ho avuto il cuore di dirle che invece volevo restare, perché avrei fatto qualsiasi cosa per vederla di nuovo felice.»

«Ti fa molto onore, lo sai?»

Irene arriccia le labbra. «Quando siamo arrivate qui la prima volta il sole stava tramontando, scendeva in picchiata verso l'orizzonte. Osservarlo è stato come riavvolgere il rullino della mia vita: mi è passata davanti una carrellata di fotografie delle persone che probabilmente non avrei più rivisto. Mi sono girata a guardare la nostra auto stracolma di oggetti, che altro non erano che tutte le speranze che ci portavamo dietro. Ci pensi mai? Amori, vite che si incrociano, mani, capelli, dolori, vittorie inaspettate, sguardi ricambiati da lontano, bambini che corrono, urla, pianti, gioie, frasi che diventano silenzi, delusioni da ingoiare, la fine di tutto, i nuovi inizi. Quanto racchiude una sola esistenza?»

Non le ho risposto, perché mi ha fatto sentire piccolo così.

«Come mai hai deciso di raccontarlo a me, tutto questo?» le chiedo invece.

Irene posa di nuovo il suo sguardo su di me. «Hai presente, dieci giorni fa, quando ci siamo incontrati...»

«Sì...»

«Ecco, stavo seduta su quella panchina con tutto questo dolore dentro, poi sei arrivato tu e d'un tratto mi sono resa conto che negli ultimi mesi il tuo è stato l'unico volto che ho notato, in mezzo a migliaia di altri. Ero curiosa di te, di scoprire chi fossi. Ho avuto voglia di chiederti tante cose. E sai, sono poche le persone che ti fanno venire voglia di conoscerle, soprattutto quando ti senti solo e infelice.»

Siamo rimasti a parlare così a lungo che la notte si è fatta giorno e ora dobbiamo tornare a casa. Abbiamo parlato di lei, di Torino, della sua passione per la moda...

Ho scoperto tante cose: il suo colore preferito, che ama le scarpe bianche perché sono le uniche dentro cui si sente se stessa, che vorrebbe una camera rosa, che ha una sveglia a forma di hamburger e che dentro di lei regna il caos, anche se non si direbbe. E poi che se la guardi negli occhi tende ad abbassare lo sguardo imbarazzata, che non smette mai di arricciarsi i capelli quando parla, che sorride anche se ha gli occhi tristi.

Ho scoperto tanto, ma mi sembra di non sapere ancora niente di Irene, perché io di lei voglio sapere tutto, soprattutto quello che nasconde.

Arrivati davanti alla nostra panchina sul lago, ci salutiamo.

«Ci vediamo domani?» le chiedo.

«Sì, alla stessa ora.»

«Domani alla stessa ora.»

«Domani tocca a te.»

9

Magari mai più

Capita che ci lotti per mesi, magari per anni, con quei brandelli di te che non riesci a ricucire, con quelle domande a cui non sai dare una risposta. E poi, all'improvviso, scopri di non avere più bisogno di cercare spiegazioni, perché il tuo mondo, che era andato in mille pezzi, si è aggiustato.

Ritrovi tutto, allora, perfino te stesso. E la felicità si intrufola nei discorsi con i tuoi amici, nei pensieri prima di addormentarti, nei sorrisi veri, nel cuore che batte, nelle mani che tremano.

Si capisce dalle mani, l'amore.

Ed è l'amore che, alla fine, ci salva sempre.

Il giorno dopo mi sveglio che il sole è già alto.

Prendo il cellulare e trovo un messaggio di Edo.

"Passeggiata in montagna? C'è anche Max. Francesca non ha voglia e Laura dice che deve fare da babysitter a sua nipote, ma in realtà è depressa per Davide."

"Ci sto. A che ora passate? A Laura servirà qualche giorno. Lasciamola in pace."

"Fra mezz'ora da te."

"Okay."

Mi piace camminare in montagna, mi fa sentire forte.

Edo e Max si presentano sotto casa con due zaini gonfi di roba e ci avviamo, spinti da una brezza che sembra un respiro. Costeggiamo una grande distesa verde popolata di mucche, capre e pecore, poi imbocchiamo un sentiero roccioso bagnato da un rivoletto d'acqua.

Nessuno ha voglia di parlare, vogliamo guardare e ascoltare quei rumori che ci fanno sentire dentro una fiaba.

La salita è pietrosa e scoscesa, ma basta osservare le foglie che brillano come smeraldi, illuminate dai raggi del sole, e il dolore alle gambe svapora via, lasciando spazio a una sensazione di benessere piena di muschio, pini e resina.

Arrivati al centro di una valle, circondati dai monti, decidiamo di fare una pausa. Nosellari è laggiù in fondo, con i suoi tetti rossi e le casette minuscole che sembrano quelle del presepe.

«Edo, comunque lo sai che Martina non ci starà mai, vero?»

«Grazie per il supporto, Andrea. Dovresti incoraggiarmi.»

«Non ti incoraggerò mai se ti vedo correre a cento all'ora contro un muro. E poi lei non è come te. È una brava ragazza...»

«Andrea ha ragione». Max sfila dallo zaino un panino con lo speck.

«Prima di tutto vi ringrazio per la bellissima opinione che avete di me...»

Scuoto la testa. «Tutte le ragazze con cui sei uscito sono sempre scappate via in lacrime...»

«Non è mica colpa mia...»

«Nemmeno quella volta che hai lasciato Barbara perché non ti ha risposto al telefono per due volte di fila?»

«Non l'ho lasciata per questo. Era una scusa...»

«Già, perché avevi cominciato a uscire con Tiziana...»

«Odio quando mi fai la morale.»

«Andrea ha ragione» ribadisce Max.

«E Lavinia? L'hai mollata perché si era rotta la gamba giocando a tennis e tu non avevi voglia di farle compagnia a casa...»

«Non l'ho lasciata per questo...»

«Ah no, giusto. L'hai lasciata perché uscivi con Maddalena...»

«Questo non me lo ricordavo...» mi risponde.

«Andrea ha ragione.» Max, intanto, ha quasi finito il panino.

Edo lo guarda di sbieco. «Io non vi sopporto. E comunque Martina è proprio bella. Ha un...»

«Culo pazzesco?» diciamo in coro.

Edo annuisce soddisfatto. «Esatto!»

Gli do una pacca sulla spalla. «In ogni caso, mi sa che ci puoi mettere una pietra sopra. Si è fidanzata con Riccardo, l'ho saputo ieri.»

«Riccardo chi?»

«Riccardo. Il ragazzo per cui ti ha lasciato Margherita, l'anno scorso.»

Dopo qualche ora di cammino troviamo un rifugio immerso nel bosco. Ci sediamo e mangiamo qualcosa, così vicini al burrone che pare di caderci dentro, mentre la montagna che ci domina, a guardarla dal basso, sembra gigantesca.

Riprendiamo a camminare in silenzio.

A metà pomeriggio la salita rocciosa diventa una distesa di erba e mughi e poi una vallata, attraversata da un torrente impetuoso.

È un pomeriggio di aria limpida, ed è tutto minuscolo, visto da quassù. In cima a questa montagna fiera e maestosa, con il vento a spettinarmi i capelli, curvo sotto il peso dello sforzo, mi perdo nell'immensità di un azzurro così vicino da poterlo toccare.

Ci sediamo su un sasso a riprendere fiato e Edo ci racconta una storia, poi rimaniamo in silenzio per un po'.

«A volte si sente la mancanza di Lorenzo, non è vero?» dice Max, d'un tratto.

Lo guardo con un sorriso appena accennato. «Ci pensi spesso?»

«Mi capita, sì. E tu?»

«Tutti i giorni.»

«Chissà dov'è adesso.» Anche Edo è diventato serio all'improvviso.

Nessuno di noi sa dargli una risposta. Poco dopo cominciamo la discesa e arriviamo a Nosellari che il cielo è ancora azzurro.

Ci fermiamo al parco giochi, ci sediamo per terra e diciamo a Laura e Francesca di raggiungerci.

Edo e Max fumano una sigaretta, mentre io prendo l'ultima birra dallo zaino.

«Che hai fatto ieri sera?» mi chiede Edo.

Bevo un sorso. «Sono uscito con Irene.»

È tutto il giorno che mi porto dentro le emozioni di ieri notte.

«Irene?» Max mi guarda alzando un sopracciglio.

«Sì, Irene.»

«E chi è Irene?» interviene Francesca, curiosa.

Rimango zitto, con la birra a mezz'aria.

Il punto è che lo vorrei sapere anche io chi è Irene, e dove si è nascosta fino a oggi. Lei è un po' il mio segreto, ma non tanto perché nessuno di loro l'ha mai vista, quanto perché sento di volerla tenere per me.

«L'ho conosciuta qualche settimana fa. Era notte, camminavo sul lungolago e lei stava lì a leggere un libro.»

Edo sorride. «Allora è vero che Elisa te la sei dimenticata.»

«Sì, Elisa non c'è più.»

«E com'è, questa Irene?» mi chiede Max.

Ci penso un attimo. «È inaspettata, una di quelle sorprese di cui ci si innamora.»

«È bella, allora.» Edo fa un altro tiro di sigaretta.

«Anche più di Martina...»

«Non è possibile...»

«Invece sì.»

Laura si tuffa nella conversazione. «Ah Edo, a proposito di Martina...»

«Che c'è?» risponde.

«Niente, volevo dirti che si è messa con Riccardo...»

Il pomeriggio vola via e presto viene sera.

Siamo rimasti ore e ore a parlare, dimenticandoci di tutto il resto.

In fondo è questo, l'amicizia: dimenticarsi di tutto il resto.

Stiamo per rientrare a casa quando Max manda tutto in frantumi.

«Devo dirvi una cosa...»

In effetti è tutto il giorno che lo vedo un po' strano, ma non ho voluto dirgli nulla.

Edo lo guarda. «Cos'è quel tono? Mi fai preoccupare. È successo qualcosa?»

Max increspa un pochino le labbra. «No, non è successo niente. È solo che dopodomani parto.»

«E quando torni?» gli chiedo.

«Magari mai più.»

10

Sei una delle cose belle che possono capitare nella vita

Ci sono partenze che segnano un punto di svolta.

È così che funziona, quando si dice addio a qualcuno che si porta via anche un pezzo del tuo cuore.

D'altronde è questo il prezzo da pagare se si vivono le emozioni a cento all'ora. Non si può pensare agli addii, quando si vuole bene a qualcuno, anche perché un giorno non ci pentiremo dei treni presi al volo, ma di tutte le corse che non abbiamo fatto.

Sta tutta lì, la differenza fra i rimorsi e i rimpianti, in quella linea sottile che divide la nostra paura dal coraggio che possediamo.

Pensare di dover dire addio al mio migliore amico mi fa già sentire la sua mancanza.

Le assenze non sono altro che un oceano di sogni irrealizzati.

Ma la vita è un po' così, no? Gente che va, gente che viene, gente che resta.

Sono andato da Irene con il cuore diviso in due, come il cielo quando piove e c'è il sole allo stesso tempo.

La notizia dell'imminente partenza di Max mi ha tolto il respiro, ma non la voglia di stare con lei.

Sono arrivato alla panchina in anticipo, ma Irene non si è fatta aspettare. La vedo venirmi incontro così, consapevole, per la prima volta, di averla davanti proprio perché è ciò che desidera, e sento nella gola una felicità che mi fa dimenticare di tutto il resto.

Ci sono persone che possiedono la magia di spostarti lo stomaco vicino al cuore.

«Vieni con me» le dico.

Lei mi sorride senza dire niente.

Ci ho pensato molto, a dove andare. Sono nato qui e ogni albero, ogni foglia, ogni coriandolo di strada, mi appartiene. Alla fine, allora, ho deciso di portarla dove non sono mai stato, dove stanno le persone che vanno via senza mai farlo davvero.

Lorenzo riposa sotto una lastra di marmo bianco.

«Non ci sono mai venuto qui, da quando è successo.»

Siamo in piedi, uno di fianco all'altra, con le braccia lungo i fianchi.

«Chi è Lorenzo?» mi chiede.

«È un mio amico, uno di quegli amici che ti insegna che la lontananza non conta quando vuoi bene a qualcuno. Non era di Nosellari, ma i suoi genitori hanno deciso di seppellirlo qui, perché diceva sempre che casa è dove ci sono gli amici.»

«Quando vi siete conosciuti?»

«Da bambini. Giocavamo sempre a pallone e lo vedevo tutti i giorni da solo, a guardarci dalla staccionata. Un giorno allora sono andato da lui e l'ho invitato a unirsi a noi. Inizialmente non voleva, perché pensava di essere una schiappa, ma alla fine lo abbiamo convinto. I suoi genitori hanno una casa qui, dietro la chiesa. Da quando Lorenzo non c'è più quelle finestre sono rimaste sempre chiuse.»

«Venivano spesso, prima?»

«Sempre. Tutti i fine settimana, a Natale, a Pasqua, ma soprattutto d'estate. Tre mesi in cui il letto degli ospiti nella mia stanza rimaneva sempre pronto per lui: stavamo al buio a parlare di tutto.»

«E poi cos'è successo?»

«Non lo so. I suoi genitori si sono separati e lui è stato bocciato all'esame di maturità. Una sera mi ha mandato un messaggio con scritto "ti voglio bene", ma non gli ho risposto perché mi ero già addormentato. Al mattino mi ha chiamato sua madre e mi ha detto che Lorenzo non c'era più, che aveva lasciato una lettera a casa della nonna e si era buttato dall'ottavo piano. Ricordo che ho lanciato il telefono e sono corso fuori casa a vedere se il mondo c'era ancora, ed era lì, verde e bello come sempre, come se non fosse successo niente.»

«Chissà cosa succede nella testa di un ragazzo di diciott'anni per arrivare a pensare che non c'è via d'uscita.»

«Non lo so. So solo che avrei dovuto salvarlo.»

«Non possiamo salvare tutti.»

«Ma magari potevo salvare lui.»

Irene ci pensa un attimo. «È tutta colpa dei sogni, forse.»

«Dei sogni?»

«Sì. Scusa, ma i cimiteri me li ricordano, perché qui dormono i sogni spezzati.»

Irene ha un modo di parlare che spesso mi lascia senza parole.

«Sono poche le cose che ci tengono in vita: i battiti del cuore, l'amore, le emozioni, gli occhi, le mani, i sogni. Potremmo vivere senza tutto questo, e soprattutto senza sogni?»

«No, non potremmo» le rispondo.

Irene arriccia le labbra. «Non darti colpe che non hai. Io non lo so, ma forse chi fa un gesto così non vuole essere salvato.»

Mi sono chiesto tantissime volte perché Lorenzo avesse deciso di non volerci vedere più. Non so che tipo di dolore provasse, che tipo di pensieri facesse, se la sua sia stata una decisione improvvisa o ragionata.

Ci sono canzoni che si interrompono a metà e che ti lasciano con la sindrome del "chissà come...". Chissà come avrebbe potuto essere.

«Perché non sei mai venuto qui?»

«Perché a volte si ama talmente tanto che poi, quando tutto finisce, si prova a cancellare ogni traccia per anestetizzare il dolore. È per questo che quando ci si lascia poi non ci si parla più.»

«Non ci avevo mai pensato.»

Sorrido. «Io non lo voglio dimenticare, Lorenzo. Ma non ho bisogno di questa fotografia per ricordarmi di lui.»

«E allora perché mi hai portata qui?»

«Mi hai chiesto di portarti in un posto in cui ho lasciato un pezzo di cuore. E qui ce n'è uno bello grosso.»

«No, non intendevo questo. È la stessa domanda che mi hai fatto tu ieri notte. Perché hai deciso di raccontare tutto proprio a me?»

«Perché tu a me ti sei mostrata, anche se da tutti gli altri ti nascondi. È stato un periodo difficile questo, eppure tu, senza saperlo, sei riuscita a rimettere insieme i miei cocci. L'ho capito dal tuo "puoi smetterla di fissarmi?", che potevi essere una di quelle cose belle che capitano nella vita. Sei fatta così, parli poco e tieni dentro tanto. Ma io mi ci sono già tuffato, in quelle briciole di te che mi hai donato, e ci ho visto un oceano di meraviglie. E niente, è il mio modo di dirti che ho voglia di scoprirli tutti, i tuoi difetti, le tue fragilità, le tue paure. E ti prometto che anche se gli altri sono andati via, io invece resto.»

Irene mi guarda con quel leggero imbarazzo che mi fa venire voglia di stropicciarla.

Ci sediamo per terra con le gambe incrociate e restiamo al cimitero a parlare un po'. Ridiamo, scherziamo, e Irene mi racconta una barzelletta.

Quando andiamo via è tardissimo.

Viviamo di notte, io e Irene: quando stai con la persona giusta ti dimentichi di tutto, perfino di dormire.

«Non ho voglia di andare a casa» mi dice lei quando ci ritroviamo di fronte alla solita panchina.

«Che cos'hai voglia di fare?»

«Di stare ancora con te. E tu?»

«Anche io.»

«Portami da qualche parte...»

«Dove vuoi andare?»

«Ovunque...»

La guardo. «Non c'è poi tanto da vedere qui...»

«Portami in un posto in cui andavi da bambino.»

Ci penso un attimo. «Da bambino andavo sempre alla casa sull'albero.»

«Hai costruito una casa su un albero?» Irene sgrana gli occhi.

«Qui lo fanno tutti. Ma non l'ho costruita da solo, l'ho fatta con i miei amici.»

«E c'è ancora?»

«Certo!»

«E allora andiamola a vedere!» Irene ha un sorriso che le arriva alle orecchie.

Rido. «Perché tutto questo entusiasmo?»

«Perché non ti rendi conto che per chi viene dalla città parlare di una casa su un albero è una cosa fuori dal mondo...»

«Ma...»

«Dài, andiamo!»

Io e i miei amici abbiamo costruito la nostra casa sull'albero a Nosellari, in cima alla collina che divide il paese dal lago, con delle assi di legno che, di notte, rubavamo al falegname.

È nascosta fra un oceano di alberi, immersa nell'odore della resina, che i bambini, da queste parti, mangiano spesso al posto dei chewing gum. All'inizio il sapore non è granché, ma dopo un po' l'amaro non si sente più.

«Ma è meravigliosa!» Irene non riesce a trattenere lo stupore, quando la vede lassù, così vicina al cielo.

La guardo accennando un sorriso. Sembra una bambina davanti alla vetrina di un negozio di giocattoli.

«Ma come diavolo avete fatto a costruirla? Non è pericoloso?»

«Da bambino a certe cose non ci pensi. Vuoi salire?»

«E me lo chiedi?»

Ci arrampichiamo usando i rami come scale.

Arrivata in cima, Irene è timorosa. «Ma sei sicuro che regga?»

Rido. «Certo, non preoccuparti.»

Dentro è tutto spoglio, ma c'è ancora il tappeto che papà mi aveva aiutato a portare fino a qui.

Io mi siedo subito, Irene invece sbircia fuori dalla piccola finestra.

«È altissimo...»

«Soffri di vertigini?»

«No, e tu?»

«Un po'...»

«Scherzi?»

«A dire il vero no, ma non così tanto da non riuscire a scendere.»

Irene si siede davanti a me. «Come mai c'è una scatola di pennarelli?»

Non me ne ero accorto, ma Irene ha ragione, deve essere rimasta qui da chissà quando. «Mi piace disegnare e venivo spesso a farlo qui con Loris.»

«Chi è Loris?»

«Mio cugino, abita vicino a casa mia. È un tipo un po' strano. Lui però dipinge ancora. Io invece ho smesso...»

«Come mai?»

«Non lo so. Ho scoperto la scrittura. E tu, invece?»

«Che cosa?»

«Dipingi?»

«Fino a qualche anno fa sì, lo facevo. Poi con l'università ho abbandonato. Mi piacerebbe ricominciare...»

«Di che colore sei?» le chiedo.

«Che cosa vuoi dire?»

«Il colore che ti rappresenta di più. Quello che in qualche modo ti senti addosso...»

«Il rosso.»

«Come mai?»

«Perché è il colore delle labbra e dell'amore. E tu invece?»

«Azzurro. Perché è il colore dei miei occhi, del cielo, e quello del mare...»

Parliamo così tanto dei colori, dei boschi, di tutto, che d'un tratto filtrano i primi raggi del sole fra la chioma degli alberi, a scaldarci le mani.

«È tardissimo. Devo andare...»

Le sorrido. «Potrebbe anche essere prestissimo...»

Il suo sguardo mi fa morire il fiato in gola.

«Hai voglia di accompagnarmi a casa?»

«Non avrai mica pensato che ti avrei fatta tornare da sola» le sorrido. «Segnati questo, però» e finalmente le lascio il mio numero.

«Ne farò buon uso.»

Dopo aver salutato Irene con una locomotiva al posto del cuore, mi dirigo verso casa che è appena l'alba. Incontro Gabriele, che sta aprendo il panificio, e l'odore del pane mi buca lo stomaco.

«Buongiorno, Andrea!»

«Gabriele!»

«Ti sei appena svegliato o devi ancora andare a letto?»

«La seconda. Hai per caso il nostro pane già pronto? Ho una fame...»

«Certo, aspetta che vado a prenderlo. Così mi togli una consegna...»

Sparisce dentro il negozio, lo sento rovistare come un matto, poi esce con il sacchetto del pane e una brioche. «Appena sfornata, è ancora calda.»

«Grazie! Quanto ti devo?»

«Vai a letto su, hai due occhiaie… e salutami i tuoi!»

Gli sorrido, riconoscente.

Tornando a casa, con l'odore del bosco e di Irene ancora addosso, penso che in fondo è di questo che siamo fatti: storie nascoste, lacrime ingoiate, sorrisi trattenuti. Siamo fatti di desideri da appendere alle stelle, di parole bisbigliate, di battiti del cuore. Ma anche di sospiri inaspettati, di mani sfiorate, di baci che spaccano lo stomaco. E poi di partenze, di ritorni, di abbracci che durano per sempre.

Ognuno ha la sua storia, ma in fondo siamo tutti uguali.

Tutti alla ricerca di quei due occhi che ci dicano: «Fermati. Va tutto bene».

11

Gli addii sono per sempre

Ci sono giorni che hai il cuore diviso in due.

La vita è così, una cerniera in cui si incastrano felicità e tristezze, volti e solitudini, partenze e ritorni.

Mamma sta ascoltando *Reggaetón Lento* dei CNCO a tutto volume e io, appena sveglio, mi sento l'odore di Irene ancora appiccicato addosso.

Rispetto a ieri però ho maturato la consapevolezza che, in qualche modo, da domani nulla sarà più come prima.

Non mi sono mai piaciute le partenze, perché lasciano in bocca un senso di incompiuto.

Che poi non è tanto il fatto che qualcuno vada via che mi spaventa, ma che certe volte poi non ritorni. «Magari mai più» ha detto Max qualche sera fa, e io ho capito che gli addii sono per sempre, anche se vengono mascherati da arrivederci.

Ci sono addii che lasciano dei piccoli vuoti nella pancia, minuscole assenze grandi come voragini colme di ricordi: l'addio di Max è uno di quelli.

La sera prima della partenza ho proposto una cena dalle porzioni giganti. Nessuno più del ristorante Da Ugo avrebbe potuto fare al caso nostro.

Ci sentiamo sempre a casa davanti a tonnellate di spaghetti alla selvaggina, seduti dietro i pesanti tavoli in legno e con i caprioli imbalsamati appesi alle pareti.

Mangiare da Ugo è come mangiare nel bosco.

Ci siamo noi: io, Max, Edo, Francesca e Laura.

Ce lo siamo sempre detti che non serve essere amici di tutti, che poi alla fine non si è amici di nessuno.

Noi ci siamo sempre bastati e nel tempo abbiamo costruito un'amicizia capace di andare oltre.

Ci sediamo attorno a un tavolo rotondo e ordiniamo quintali di pastasciutta e litri di birra.

Alessio, il cameriere, è un nostro amico. È un tipo piuttosto comico, soprattutto vestito così, con la camicia a quadri bianca e rossa e i Lederhosen, quei meravigliosi pantaloni corti con le bretelle che si usano qui da noi.

«Laura, raccontaci qualche curiosità, dài» esordisce Edoardo con entusiasmo.

Lui conosce un sacco di storie, Laura un sacco di curiosità, tipo quelle da «Settimana Enigmistica», per intenderci. Le cerca. La sera si infila sotto le coperte e si mette a spulciare le stranezze del mondo.

«Quelle allegre però!» la incoraggia Max.

«Lo sapevate che ogni anno una dozzina di persone muore a causa degli aquiloni?»

«Ecco, appunto. Fortuna che doveva essere allegra.»

«Ma come diavolo è possibile?» chiedo curioso.

«Tutta colpa del filo trasparente, che sgozza ciclisti o bambini che corrono inconsapevoli.»

«Ma è terribile!»

«Eh, lo so, a me lo dici? Non è mica colpa mia.»

Arrivano i piatti, accompagnati da un boato generale.

Edo inforca un chilo di maccheroni al ragù di lepre. «Io invece ho letto che l'uomo condivide il cinquanta per cento del proprio DNA con le banane. Non è assurdo?»

«A questa non ci credo.» Laura scoppia a ridere, sputacchiando pomodoro ovunque.

Francesca invece annuisce, con l'aria di chi la sa lunga: «Io sì».

È bello ridere tutti assieme.

«Aspettate, questa è ancora più assurda...» esordisce Laura. «Quasi da non credere. Charlie Chaplin nel 1915 arrivò terzo a un concorso per sosia di Charlie Chaplin.»

«Ma è impossibile!» Francesca rimane con la forchetta a mezz'aria e la bocca spalancata.

«A quanto pare no. Comunque, il vincitore una volta saputa la verità ha rinunciato al premio in denaro in cambio di un autografo.»

«Non poteva chiedere l'autografo e tenersi i soldi?» intervengo io. Poi riporto la conversazione su una nota dolente e chiedo a Max: «Come mai hai scelto l'Australia?».

Lui alza le spalle. «A essere onesto non lo so. È distante e volevo allontanarmi il più possibile da qui. Non prendetevela a male. Non ho voglia di andare via da voi, ma da questo posto. Mi sta un po' stretto ultimamente.»

«Comunque ti volevo dire che io non sono d'accordo.» Mi sforzo di sorridere.

Max invece fa un sorriso vero e beve un sorso di birra. «A dire la verità sono terrorizzato.»

«Sei ancora in tempo per cambiare idea.»

Max fa una smorfia, ma non risponde. È quel tipo di silenzio che suggerisce che ci sono scelte da cui non si può più tornare indietro.

«Un pochino ti invidio, sai?» Laura lo dice con disinvoltura.

«Per che cosa?»

«Per il coraggio.»

«Non ne ho così tanto come credi. Mi sto sforzando moltissimo, perché sono convinto che non devo accontentarmi. Voglio seguire quello che sento.»

«E cosa senti?»

«La curiosità di sapere com'è il mondo lontano da qui. Il pensiero di prendere quell'aereo domani mattina mi provoca un vuoto dentro e insieme una scarica di adrenalina, che mi fa sentire vivo come non mi capitava da tempo.»

«Se dici così fai venire voglia di partire anche a me» si intromette Edo.

Lo guardo storto. «Non dirlo neanche per scherzo.»

Ridono tutti.

«Ma tu, Laura? Ti sei ripresa?» le domanda Max.

«Stavo con Davide da così tanto tempo che quasi mi ero dimenticata come ci si sente a stare da soli. È strano, la mia quotidianità era piena di lui e a volte mi sento persa. Però sono davvero convinta di aver fatto la scelta giusta.»

«Io non te l'ho mai detto, ma non l'ho mai sopportato. Così fissato con la palestra... Per dire, ti ha mai portata a mangiare una pizza?» Francesca si pulisce la bocca con il tovagliolo.

«Una sera sì, ma lui ha ordinato un'insalata.»

«Davvero pessimo» commento io.

«Ma come l'ha presa lui?» le chiede Edo.

«Non molto bene...»

«In che senso?»

«Ha detto tutte quelle cose che si dicono in momenti del genere: che sono insensibile, che non posso lasciarlo, che senza di me non può vivere. Mi ha fatto tristezza.»

«Non tenerezza?» chiede Francesca.

«Tenerezza? No, per niente.»

Sorrido. «Io l'avrei lasciato molto tempo fa, infatti.»

«Devo recuperare tutto quello che non ho mangiato in questi anni. Quasi quasi ordino un altro piatto.»

Max beve un sorso di birra. «Stai scherzando? Erano quasi trecento grammi di spaghetti!»

Laura lo zittisce con uno sguardo. «Tu fatti gli affari tuoi.»

È una cena piena di tutto.

Finita la cena, andiamo da Winny, ma l'atmosfera è strana, perché all'improvviso la partenza di Max sembra più vicina.

Prima c'era la pastasciutta, fra noi e l'Australia, adesso invece c'è solo la notte. Una di quelle notti che hanno il sapore delle cose che non tornano più.

Seduti attorno a quel tavolo di legno, lo stesso di sempre, il silenzio è quasi irreale, interrotto solo da qualche imbarazzata battuta di circostanza.

«Volevo dirvi una cosa» fa Max a un certo punto.

Lo guardiamo. Nessuno sa cosa rispondere.

«Più che altro volevo dirvi grazie, in realtà, perché siete quel tipo di persone che ti esplodono dentro e che poi non se ne vanno più. Domani volerò via, ma in qualche modo voi verrete con me.»

Me lo sentivo che avrebbe attaccato un discorso, però non sono pronto lo stesso.

«Molto di ciò che sono è merito vostro. È così che funziona, no? Siamo tutti un po' le amicizie che ci siamo scelti. E insomma, volevo dirvi che io sono contento della mia scelta, spero voi siate contenti della vostra.»

«Lo siamo.» Francesca gli sorride.

«Non so bene come salutarvi, perché non sono bravo in questo genere di situazioni e perché vorrei tanto non doverlo fare. Quindi vi auguro solo tutte le cose belle del mondo e anche di più. Mi avete sempre fatto sentire fortunato, perché ci siete sempre stati. Insomma, grazie, grazie perché mi avete dato l'opportunità di tenervi sempre vicino al cuore, grazie perché mi avete insegnato che cosa vuol dire condividere la vita, tutta la vita, con qualcuno. Grazie per le serate insieme, per le estati al lago, per non aver mai detto a nessuno che rubo le caramelle gommose, per avermi fatto copiare durante le verifiche di matematica e per avermi aiutato a chiudere la bidella in bagno. E poi grazie per le passeggiate al mattino, per i bagni di notte, per le giornate passate a giocare a calcio, per tutte le volte che ci siamo sfondati di crauti e salsiccia e per tutte le volte che mi avete riaccompagnato a casa, quando non mi reggevo in piedi. Grazie per tutto insomma. In fondo, a guardarmi indietro, non me lo ricordo, un momento della mia vita senza di voi. Non so che cosa succederà da domani, ma so cosa è stato fino a oggi. E voi ci siete stati, sempre.»

Brillano, gli occhi di Max, brillano come quegli occhi che nascondono la tristezza del cuore. Poi si alza e ci abbraccia.

«Mi accompagnate all'aeroporto?» ci chiede, alla fine.

Io lo guardo e faccio finta che le sue parole non mi abbiano toccato poi tanto. «Non vai con i tuoi?» domando.

«Preferiscono salutarmi a casa. È un duro colpo per loro.»

«Li capisco.»

«Sì, anche io.»

Mi sono rigirato nel letto tutta la notte senza prendere sonno davvero. Appena ho intravisto i primi raggi del sole, mi sono alzato e sono andato a prendere Max con la macchina. Portava sulle spalle uno zaino più grande di lui.

Francesca, Edo e Laura sono arrivati poco dopo e siamo andati all'aeroporto cantando a squarciagola.

Max c'è sempre stato, come mamma e papà. E non me la sono mai immaginata la mia vita senza di lui.

Nemmeno adesso riesco a immaginarla, a dirla tutta. Un po' perché non posso e un po' perché non voglio.

Non ci saranno più tante cose, adesso che è partito.

Non ci saranno più le passeggiate al mattino, le confidenze di notte, sua madre che lo chiama dal balcone. Non ci saranno più le canzoni stonate alla luna, i suoi diciotto all'università e la sua passione per le caramelle gommose.

Saranno più vuoti, ora, i boschi di Nosellari.

E la strada.

E i prati.

E l'acqua del lago.

E le montagne.

E la neve.

Saranno vuote le giornate, e i bicchieri di Winny, e le nostre risate. Ecco, soprattutto le risate.

Mentre sto lì dietro a quel vetro e vedo Max salire sull'aereo che lo porta verso la vita che desidera, mi viene un nodo allo stomaco e infilo la mano in tasca per prendere il cellulare.

Per un attimo ho la tentazione di chiamarlo e chiedergli di tornare indietro, di dirgli: «Ora basta, coglione, il gioco è finito»; invece mi limito a mandargli un messaggio.

"Volevo solo dirti che mi piaceva tanto portare il cane a pisciare. Ora mi piacerà di meno."

Tornando a casa ci pensa Laura a strapparci un sorriso.

«Sapete cos'è l'*anatidaephobia*?»

«No» rispondiamo in coro.

«È l'irrazionale e incontrollabile paura che un'oca, in qualche punto imprecisato, ti stia guardando.»

Il viaggio di ritorno è fatto di pensieri, sorrisi e silenzi.

Arrivati a casa, ci fermiamo tutti in giardino.

Poco dopo vedo passare Bruno.

«Ciao» lo saluto.

Lui si ferma e mi guarda con gli occhi socchiusi, forse per mettermi a fuoco.

«Ciao ragazzo!»

«Come stai? Ho ripensato a quello che mi hai detto su Voltaire poi, sai? E credo che tu abbia ragione!»

«Voltaire? Non so proprio di che cosa stai parlando.»

«Ma...»

Non mi lascia il tempo di finire e si allontana brontolando.

«Che succede?» mi chiede Laura.

Scuoto la testa confuso. «Lascia stare...»

Poco dopo mi salutano e salgo di sopra.

Ho voglia di scrivere un po'. Ultimamente lo faccio di rado.

Mi siedo in soggiorno, penso a Irene, a quello che c'è fra di noi e a quello che non c'è ancora.

Non disperdere le lacrime. Piangi con cura, dedicale alle labbra che ami.

Non svendere i baci, mordi la pelle e i tuoi desideri, fa in modo che si avverino e trovane uno nuovo da inseguire.

Sussulta con i brividi di vita, accarezzati le mani e stringiti l'amore addosso.

Perditi nei tuoi occhi, dipingiti i contorni del cuore, scavati nel petto e trovaci tutti i sorrisi che hai nascosto.

Sei bella nell'incertezza di una risata accennata, quando racconti di una bugia che ti ha fatto soffrire.

Vorrei dirti che sei bellissima quando cerchi di essere forte e indossi una corazza di cristallo.

Sei la purezza. Un'inconsapevole bellezza.

E mi hai insegnato che la tua fragilità è perfetta. E…

Vengo interrotto da alcune urla fuori dalla finestra.

Esco sul balcone e vedo Loris correre completamente nudo in giardino.

«Jole! Jole! Esci a guardare!» grida.

Jole è la nonna di Max.

12

Scegliete chi è un po' più. Un po' più tutto

"Stasera alla stessa ora?"

Mi sono appena svegliato e il messaggio di Irene mi procura un tuffo al cuore. Rimango qualche secondo a fissare quella manciata di parole che aspettavo e sorrido nel cuscino.

«Andrea, sei sveglio? C'è la messa, oggi...»

Mamma entra nella stanza e appoggia il caffè sul comodino.

«Grazie...» le sussurro.

«Cos'è quel sorriso?» mi chiede.

Io la guardo di sottecchi. «Niente. Solo che oggi è una bella giornata.»

Inarca un sopracciglio, poi si richiude la porta alle spalle.

Mi alzo sui gomiti, bevo il caffè e mi infilo qualcosa.

Ho proprio voglia di fare una passeggiata.

Dopo la messa vado a mangiare gli gnocchi al campo da calcio insieme a Laura, Francesca e Edo.

Max, invece, chissà dov'è.

Dopo pranzo Edo e Francesca si sfidano al Tiro alle uova: vince Francesca e Edo torna a casa arrabbiato.

«Avresti potuto dargliela vinta per una volta» le dico.

«Mai» ride.

«Se la prende un po' troppo, comunque.» A intervenire è stato Bruno, che è rimasto tutto il tempo a godersi lo spettacolo.

«Cosa facciamo stasera?» chiede Laura.

«Io non ci sono...» rispondo.

«Come mai?»

«Esco con Irene.»

«Allora sta diventando una cosa seria» commenta Francesca con aria ammiccante.

«Ancora non è successo niente, a dire il vero...»

«Ma ti piace?» mi chiede Laura.

«Tanto.»

Non appena vedo Irene seduta sulla nostra panchina ad aspettarmi, con una maglietta bianca e il solito sorriso, sento lo stomaco fare una capriola all'indietro.

Mi siedo e le racconto di Max.

Mi piace parlare con lei, perché è una ragazza curiosa e fa tante domande. E ascolta le risposte con attenzione e dolcezza.

«Vieni in tenda con me? Ho scoperto che mi piace anche di più se ci sei tu» mi dice, poi.

«Okay, andiamo.»

Una volta lì, Irene si toglie le scarpe e si siede su un cuscino.

«Ti va di leggermi un libro?»

«Come?»

«Prendiamo un libro a caso, di questi che ho qui. Ti va di leggerlo a voce alta per me? Mi piacerebbe ascoltarti.»

«Mi vergogno un po'.»

«Dài, siamo noi. Non ci vede nessuno.»

«E va bene. Che libro leggiamo?»

«Lasciamo scegliere il caso. Tu ci credi nel caso?»

«Non molto. Ma credo che un libro sia una delle poche cose che si possano scegliere a caso.»

Ci credo davvero in quello che ho appena detto.

A determinare il corso della nostra vita non è il destino, ma le nostre scelte, soprattutto quando si tratta di scegliere le persone con cui vogliamo condividerla.

Bisogna sceglierla bene, la persona da tenere vicino al cuore.

Scegliete chi è capace di farvi vedere il mondo da un'altra prospettiva, chi vi urla in faccia i vostri difetti, le vostre fragilità, i vostri errori, però poi resta e vi aiuta a superare tutto, anche i vostri limiti.

Scopriteli, i vostri limiti, e poi trovate il modo di vincerli.

Scegliete chi non ha bisogno di un motivo per restare, perché quel motivo siete voi.

Scegliete una persona capace di amare, capace di supportare non solo i propri sogni, ma anche i vostri, che vi permette di essere voi stessi senza possedervi e che ha la capacità di farvi scoprire chi non pensavate di essere. Scegliete chi vi stupisce e lo fa senza un perché: la differenza non sta nel che cosa si fa, ma nel come lo si fa. Scegliete chi vi fa sentire liberi, perché è proprio questo, l'amore: essere liberi di viaggiare, di ballare, di scegliere, di conoscere, di vivere, di fare notte fonda. Scegliete chi vi fa scoprire cose nuove quando pensavate di sapere già tutto, chi aggiunge colore al colore, pazzia alla pazzia, amore all'amore.

Scegliete e non lasciate mai nulla al caso.

Scegliete chi è sempre "un po' più". Un po' più tutto.

Irene chiude gli occhi e afferra un libro. «Okay. Questo. Si intitola *Per sempre*.»

«Un bel titolo.»

«Sì, lo è.»

«Tu nel "per sempre" ci credi?»

«Sì, ma non credo a chi lo promette.»

«In che senso?»

«Perché qualcosa sia "per sempre" bisogna essere in due a crederci. Quindi non si può promettere...»

«E allora tu cosa prometti?»

«Io non prometto niente. Io sono per l'"adesso". È questa la magia: vivere tanti piccoli "adesso" che, messi uno accanto all'altro, diventano "per sempre".»

Sorrido. «Va bene, proviamo a scoprire cosa promette questo libro.»

«Aspetta. Sdraiati un po'.»

«Così?»

«Sì.» Irene si distende, appoggia la testa sulla mia spalla e chiude gli occhi. «Ora puoi cominciare.»

Inizio a sfogliare le pagine, annusando l'odore dei suoi capelli.

Mentre leggo Irene annuisce, a volte fa brevi commenti o alza un sopracciglio.

Dopo qualche pagina sento le sue dita iniziare ad accarezzarmi il braccio. Hanno un tocco così delicato che mi squadernano lo stomaco e mi fanno venire i brividi.

D'un tratto ho un'esitazione e sposto lo sguardo su di lei.

Irene non ha più gli occhi chiusi, mi sta osservando.

«Scusa» sussurra. «Mi sono persa a guardarti.»

È vicina, così vicina che posso vedere tutte le sfumature dei suoi occhi, così vicina che posso sentirla ovunque, sulla pelle, nella pancia, nella gola, nella testa, nel cuore.

«E com'è?» le chiedo.

«Bello.»

Si avvicina ancora un po' e il contatto del suo corpo mi provoca una vampata di calore.

Adesso si toccano, i nostri nasi, e poi anche le braccia e le gambe. Le passo una mano fra i capelli e finalmente si toccano anche le nostre labbra.

È stato uno di quei baci in cui senti il profumo del cielo. Sanno di mare e fragole, le labbra di Irene, e mi ricordano l'odore dei girasoli.

Mentre la bacio, si intrecciano anche le nostre mani, i nostri pensieri, i nostri sogni.

Siamo avvolti da un silenzio colmo di desideri.

C'è l'aria della sera, l'erba tagliata, le ombre degli alberi e il fruscio delle foglie, e la luna e le stelle, e una montagna che protegge questo amore appena sbocciato.

Vanno sempre protetti, i sentimenti, custoditi fra la pancia e la gola, come si fa con i segreti.

Baciare Irene mi ha regalato quel brivido che avevo dimenticato, ma che non avevo mai smesso di cercare.

Ogni tanto smettiamo di baciarci e ci allontaniamo solo per guardarci, brevi silenzi in cui le sfioro il naso, gli occhi, le guance, il collo.

Sta lì, l'amore, in quel nostro sfiorarci, in cui senti il motivo per esistere.

Quindi non smettete mai di guardarvi attorno per cercarlo, questo motivo.

E ricordatevi che non è dietro di voi, ma sempre davanti; perché non è mai un luogo o un oggetto, ma sempre e comunque una persona. Ecco perché basta incontrare quegli occhi che aspettavamo da sempre per sentirci finalmente nel posto giusto.

E io sono felice che il mio "posto giusto" sia lei.

Mi accarezza piano, Irene, con un tocco delicato, che però mi pervade ovunque.

Sento nello stomaco la voglia di assaggiarla e, quando le sue carezze diventano più intense, i miei baci passano dalle labbra al collo. Lei rabbrividisce e il suo respiro concitato mi soffia nell'orecchio. Mi sfila la maglietta per cercare di appropriarsi della mia schiena, e le sue gambe mi si attorcigliano sui fianchi.

Anche io le sfilo la maglietta e lei ride: è una risata fatta di occhi chiusi, guance arrossate e cuore nel cielo. Ci sono le stelle a guardarci, mentre ci spogliamo e andiamo a fuoco, insieme, mentre i nostri mondi si mischiano e poi diventano uno solo.

Ci spogliamo come due persone che si sono rincorse per anni senza incontrarsi mai, con la passione di chi si lascia travolgere dalla vita. Siamo due fuochi d'artificio che esplodono e che si nutrono l'uno dell'altro.

La bacio ovunque: guance, spalle, seno, pancia, gambe. E più la sento mia e più ho la sensazione di non averne abbastanza.

D'un tratto lei mi afferra i capelli e mi attira a sé.

Mi guarda e al posto degli occhi ha due torce che mi scavano dentro.

Quando entro, sento il suo corpo tremare sotto di me, le unghie nella schiena e i piedi che si inarcano.

Le sue labbra mi cercano, mi vogliono, mi mordono.

Abbiamo voglia dei nostri difetti, io e Irene, di tutti quei piccoli errori che colorano ogni amore. E poi abbiamo voglia della luna, di sentire la rispettiva mancanza, di cercarci, di rincorrerci, di perderci.

Abbiamo voglia di annusarci, di rubarci, di averci, di possederci.

Siamo due anime graffiate che si sono riconosciute.

Non vogliamo curarci, ma farci bene.

Perché è questo, l'amore.

Farsi bene.

«Tutto questo non ha senso» mi dice lei, più tardi.

Ha il viso appoggiato sul mio petto e il respiro che mi tocca il cuore. Sento il suo corpo nudo addosso al mio, i suoi capelli mi solleticano la faccia e ho ancora il suo sapore sulle labbra.

«Non ce l'hanno mai un senso, le cose belle.»

«Ma io non sono brava a gestire le cose senza senso.»

«Le cose senza senso sono le emozioni. E le emozioni non vanno gestite.»

«Sei bravo con le parole.»

«Perché le parole sono importanti, come le prime impressioni. Lo sai cos'ho pensato la prima volta, quando ti ho visto arrivare in bicicletta?»

«Che cosa?»

«Che mi avresti cambiato la vita.»

«Lo sai perché ti ho chiesto di non innamorarti di me?»

«No. Perché?»

«Perché so che io potrei innamorarmi di te. E mi fa paura. Sono abituata a razionalizzare tutto, e se qualcosa sfugge al mio controllo scappo. Io scappo sempre, sai? Te lo dico subito, non sono brava a restare.»

«Io sì però. E non mi interessa se te ne vai, tanto ti vengo a prendere.»

Lei sorride, abbassando lo sguardo.

Rimaniamo così in silenzio per un po'. È uno di quei silenzi in cui c'è dentro tutto. Io le accarezzo i capelli e lei chiude gli occhi per sentirmi un po' di più. È anche nel silenzio che si capisce se due persone sono davvero fatte l'una per l'altra.

Non basta volersi, desiderarsi, andare via, ma avere sempre voglia di tornare indietro: piccoli difetti di complicità, silenzi imbarazzanti, diventano, nel tempo, gravi problemi di coppia.

La sintonia è importante: nei baci, nelle carezze, nei pensieri. E anche nelle litigate, perché per far sì che una storia funzioni, bisogna essere complici pure quando si urla.

«Sai di buono» mi dice d'un tratto.

La guardo mentre nasconde il sorriso contro il mio petto.

«Domani mi sveglierò con la voglia di annusarti.»

La bacio. «E io mi sveglierò con la voglia di sentirti addosso.»

«A me invece fai venir voglia di fare colazione, sai? E non sono tante, le persone che fanno venire voglia di alzarsi, al mattino.»

«Anche tu sei brava con le parole.»

«È bello che tu me lo dica, visto che le parole sono così importanti per te.»

«Le parole sono il mio sogno. Il tuo qual è?»

«L'amore.»

«Troppo facile, l'amore è il sogno di tutti. Che tipo di amore sogni?»

«Un amore di quelli che ti danno tutto e non ti tolgono niente.»

«E secondo te esiste?»

«Se non esiste lo invento io.» Lo dice ridendo. Mi piace quando ride, perché poi lo faccio anche io.

«Irene.»

«Sì?»

«Niente, volevo solo dirti che sei un bel posto.»

«Andrea.»

«Sì?»

«Resti?»

«Resto.»

Non glielo dico, ma "resti?" è una domanda che mi è sempre piaciuta.

Perché spesso la facciamo così, mentre i nostri corpi e i nostri sguardi si intrecciano.

«Resti?». Cioè: «Rimani per una notte oppure per sempre?».

Sono cinque lettere che racchiudono tutto: i sogni, le incertezze, le lacrime, i battiti del cuore.

Perché abbiamo tutti bisogno di qualcuno che "resti". Alla fine, è quello il segreto.

Saper sfiorare.

Saper amare.

Saper restare.

È vero che ci vuole coraggio per andare via. Ma sapeste quanto ce ne vuole, a volte, per restare.

Prendo Irene per mano e la porto fuori a guardare le stelle: è sempre dal cielo che arrivano le promesse più belle.

«Da quanto aspettavi?» mi chiede.

«Non aspettavo nessuno, perché quando aspetti per troppo tempo poi va a finire che te ne dimentichi il senso. Non sei qui perché aspettavo qualcuno, sei qui perché aspettavo proprio te.»

13

Trovate qualcuno con cui non sentirvi due, ma uno

Le amo per la loro fragilità, le donne.

Perché dove sta la bellezza di una donna se non lì, nei silenzi densi come l'universo, negli occhi che hanno il mare dentro e pure il coraggio di farlo straripare, qualche volta?

Le donne sono così: meravigliose, con quel rossetto che serve a sentirsi un po' più forti, incoerenti solo quando non si sentono capite.

Le amo per quel modo così dolce di nascondersi quando abbassano lo sguardo e ti fissano da sotto in su, per quel modo unico di stringerti la mano quando vogliono sentirsi ancora più protette.

Le amo perché emanano luce in ogni movimento, in ogni sguardo, in ogni sorriso. Una luce che si portano dietro inconsapevoli, come inconsapevole è la loro bellezza. Sono sempre belle, le donne: con una maglietta che lascia intravedere una spalla, con i capelli spettinati dal vento, con un leggero vestito a fiori, la sera davanti alla televisione e quando si svegliano e si stropicciano contro il cuscino, con quella dolcezza così sfacciata da squadernarti il cuore.

Non le puoi spegnere, le donne.

Penso a tutto questo, quando guardo Irene.

E poi penso che è proprio Irene l'unica donna che voglio.

Il giorno dopo esserci amati la prima volta lo trascorriamo da lei, perché sua madre è al lavoro.

Sabrina ha trovato posto come cassiera in un piccolo supermercato vicino al lago e il contatto con le persone le piace, perché in paese si diventa subito amici e lavorare in un posto così significa entrare a far parte della vita di tutti.

Nel tardo pomeriggio usciamo e andiamo a fare l'aperitivo sul lago, in quel bar che un po' di tempo fa mi ha offerto l'immagine di Irene, che per me rappresenta un po' l'inizio di tutto.

Davanti a un bicchiere di vino guardiamo il sole cadere in picchiata verso l'orizzonte.

«Si può odiare un tramonto?» mi chiede.

«No, non si può.»

«Dici?»

«Perché, tu pensi di sì?»

«A pensarci non è nient'altro che tempo, il tramonto. Tempo che passa. E basta. I tramonti mi fanno sempre pensare alle cose che finiscono. Che cos'è, in fondo, se non un giorno in meno da vivere?»

«È uno spettacolo del cielo, una di quelle piccole meraviglie che fanno dire "ne voglio ancora un po'".»

«Ho letto che gli illusi passeggiano al tramonto.»

«Gli illusi vivono sperando che i loro sogni diventino reali. E chi spera conserva quel briciolo di positività che serve per non scambiare il rosso del cielo con un giorno che se ne va. Mi piacciono, gli illusi.»

«Come mai?»

«Chi si perde nelle illusioni si dimentica del tempo e non ha fretta di andare via.»

«Ma se gli illusi passeggiano al tramonto, i disillusi cosa fanno?»

«Loro si siedono e aspettano fino a perderlo del tutto, il senso del tempo.»

Irene non risponde e arriccia le labbra.

«Tutta questa grandezza mi fa sentire piccolissimo, sai? È tra le istantanee che più mi fanno riflettere sulla vita. Tramonti, panorami, altalene, scale, mare, e poco altro.»

«Non c'è proprio modo di fartelo odiare, il tramonto, vero?»

«Lo amo perché nasconde storie, note, parole, emozioni.»

«E tu invece fino a oggi dov'eri nascosto?»

«Non farti ingannare da ciò che dico, sono meno poetico di quanto pensi. Ma sono sempre stato qui. E tu, invece?»

«Io sto seduta sopra uno spicchio di luna.»

«Dove si trova questa luna?»

«In un posto sicuro.»

«Al riparo?»

«Al riparo.»

«E permetti a qualcuno di raggiungerti?»

«L'ho permesso a te.»

Irene sfila dalla tasca il cellulare e scatta qualche fotografia.

«Ti piace fotografare?» le chiedo.

«Tanto.»

«Cosa fotografi?»

«Tutto.»

«Sai, penso sempre che i tramonti custodiscano le speranze delle persone.»

«Che cosa vuoi dire?»

«Che quel pizzico di stupefatta malinconia che ti dà un cielo così è provocata proprio dai desideri irrealizzati.»

«È un po' la storia di ogni nostra giornata, no? Ci alziamo e apriamo il cassetto dei sogni, poi aspettiamo la sera, quando lo chiudiamo e chiediamo al sonno di farci sognare.»

«Le amo, le persone che sognano di giorno.»

«E io quelle che non hanno timore di realizzarli, i sogni. Perché a volte fa paura, rimanere senza.»

«Hai voglia di scrivere la lista dei sogni da realizzare insieme?»

«Adesso?»

«Sì, adesso.»

«Sì, mi va.»

Entro al bar a chiedere un foglio e una penna e torno da Irene.

«Scegliamo un titolo.»

«Dev'essere un titolo che ci suggerisca di non scordarci mai ciò che vogliamo, in modo che quando tutto ci sembrerà difficile questa lista possa ricordarci perché ci siamo scelti.»

«Sono d'accordo, dev'essere una frase che parla di noi, ma soprattutto a noi.»

«Mi è venuta un'idea.»

«Quale?»

«*Non dimenticarti dei sogni.* Ti piace?»

«Sì, tantissimo.»

«Anche a me.»

E così lo scrivo. Grande.

NON DIMENTICARTI DEI SOGNI

E poi sotto: "Amare i tramonti".

«Scusa, Irene, ma non si possono odiare i tramonti.»

Ride. «Il secondo però lo scelgo io.»

«Va bene. Dimmi.»

«"Farci bene". Perché lo so che non è solo questo, l'amore. In una storia succede anche di ferirsi. E va bene, feriamoci, ma senza smettere di farci bene.»

«Sono d'accordo.» Sorrido e lo scrivo.

«Tocca a te» mi dice Irene.

Ci penso un attimo: «"Ricordarci che anche la tristezza è importante". È proprio quando siamo tristi, infatti, che non dobbiamo dimenticare di amarci... quando ci sentiremo annoiati, quando questo entusiasmo svanirà un po' e il mondo fuori ci sembrerà più bello di quello in cui viviamo.»

«Mi piace. Scrivilo. Io allora dico più semplicemente "andare al mare", perché sono capricciosa.»

«Se non l'avessi detto tu l'avrei detto io.»

«Che sono capricciosa?»

«No, di andare al mare.»

«Siamo a quattro desideri. Quanti ne scriviamo?»

«Sette.»

«Perché?»

«Non lo so.»

«Va bene, allora. È il tuo turno.»

«"Scrivere un libro". So che è scontato, ma non posso farci niente.»

«Scrivere un libro non è scontato. Io allora dico: "Essere in due posti nello stesso momento".»

«Ma è impossibile!»

«È importante?»

«E va bene, ma un giorno dovrai spiegarmela. Ne manca solo uno. Dico: "Non accontentarsi".»

Scrivo velocemente e guardo il foglio ancora una volta.

- Amare i tramonti
- Farci bene
- Ricordarci che anche la tristezza è importante
- Andare al mare
- Scrivere un libro
- Essere in due posti nello stesso momento
- Non accontentarsi

«Cosa ne pensi?» domando a Irene.
«Mi piace.»
«Anche a me.»
«Allora andiamo» le dico.
«Dove?»
«Al mare.»
«Adesso?»
«Adesso.»

Viaggiamo che la musica alta ci rimbomba dentro, i finestrini abbassati e il vento nei capelli. A volte tolgo una mano dal volante e la appoggio sulla sua gamba. Lei la prende e la stringe forte, come si fa con qualcosa che vuoi tenerti addosso. E poi sorride. Uno di quei sorrisi che ti urla in faccia quanto può essere bella la vita.

Arriviamo in spiaggia che è già notte fonda.

Ci baciamo, ci spogliamo e lasciamo cadere i vestiti ovunque, poi diventiamo una cosa sola.

L'amore non ha bisogno di un dove.
L'amore non ha bisogno di niente.

Ci vestiamo e andiamo nel primo albergo che incontriamo sulla strada.

È uno di quelli un po' fuori mano, che offrono una stanza a prezzo stracciato.

Nella penombra Irene mi chiede: «Perché hai scelto proprio quello come ultimo desiderio?».

«Non accontentarsi?»

«Sì. Esatto. Non ti accontenti di questo?»

La guardo. «Sai cosa? Siamo fatti di nostalgie, e di lacrime, di paure, di difetti, di tutte quelle volte che vorremmo essere in due per sentire il cuore al posto giusto. Siamo tutti alla ricerca di un po' d'amore, di notti tra lenzuola fatte di carezze, di baci, di mani che si toccano in silenzio. Siamo fatti di tutte quelle mille solitudini che ci portiamo dentro, delle speranze taciute, degli sguardi rubati. E io ti voglio tutta per me. Non mi sono mai accontentato dei mezzi sorrisi, delle mezze parole, dei mezzi sogni. Figurati se mi accontento di mezza te.»

Non accontentatevi, non siamo fatti per le mezze felicità.

Non siate una di quelle coppie che vivono "come se". Come se si amassero ancora.

Non accontentatevi di essere amati più di quanto amate, non accontentatevi di quanto siete in grado di ricevere, ma concentratevi su tutto l'amore che riuscite a dare.

Non abbiate voglia di scappare, ma di restare. Non abbiate voglia di piangere, ma di ridere. Non abbiate voglia della quotidianità, ma della pazzia.

Cercate, guardate, rischiate.

Trovate qualcuno con cui non sentirvi due, ma uno.

Siamo nati per ballare, per giocare, per cantare.

Siamo nati per splendere.

Siamo nati per essere felici.

14

Vorrei essere il motivo per cui resti sempre

«Sei tutto quello di cui ho bisogno.»

Quando apro gli occhi, quelli di Irene sono già dentro i miei e sento il mare nel cuore.

Lei mi sorride e mi bacia la spalla, solleticandomi il viso con i capelli.

Sa di Irene, l'aria, e il sapore della sua pelle si confonde con l'odore della salsedine che filtra dalla finestra semiaperta.

È bellissimo sentirsi dire da una donna: «Sei tutto quello di cui ho bisogno», perché sono parole che implicano un desiderio diventato necessità, un'ammissione talmente forte che racchiude tutto il significato dell'amore.

Mi stupisce sempre la capacità delle parole di farci cambiare prospettiva.

Quelle di Irene mi fanno pensare che in fondo non ci serve molto più di quello che abbiamo, per essere felici, e che non li invidio gli uomini che hanno tante donne, ma nessuna per davvero.

La sfida non è il piacere di una notte di sesso, ma continuare ad aver voglia di svegliarsi insieme.

«Sono parole importanti» le dico.

«Anche noi lo siamo.»

Sorrido. «Hai ragione.»

«Ho bisogno di te perché sei ciò che di più bello poteva capitarmi, perché mi hai fatta sentire a casa, perché mi guardi e non chiedi spiegazioni. Ho bisogno di te perché indossi una gentilezza rara, perché mi fai venire voglia di fare tutto, perché mi sono accorta che hai il potere di farmi sentire unica.»

Le accarezzo i capelli, commosso, e continuo ad ascoltarla.

«Quando sono con te ho voglia di sorridere. E non è poco, sai? Ho bisogno di te perché insieme a te non ho vergogna. E poi ho bisogno di te perché scrivi ancora i desideri su un pezzo di carta, perché mi porti al mare all'improvviso, perché sei completamente diverso da ciò che mi aspetto. Ho bisogno di te perché sei nuovo e fai sentire nuova anche me.»

Le parole di Irene brillano nell'aria.

«Sai a cosa penso spesso, Irene?»

«Che cosa?»

«Penso che a volte non va sempre come vorresti, a volte le cose belle che aspetti non arrivano mai. Anzi, sono più le persone che vanno via, che quelle che restano. E niente, so di non essere perfetto, però mi piacerebbe proprio occuparlo, il posto vuoto accanto a te. Posso ballare, se vuoi. O cantare, anche. Sappi che la vita si misura in secondi, ma dovrebbe essere misurata in emozioni che ti senti nel petto. E quando sono con te non si contano. Non sono poi tante le cose che ti fanno provare quella felicità rara che ti trasforma lo stomaco in ali che battono. Tu ci riesci.»

Irene mi rivolge un sorriso stropicciato.

«Basta con le parole, adesso. Passiamo ai fatti. Che cosa vuoi fare oggi?» le chiedo.

«Niente, quello che capita.»

Le amo, le giornate che nascono all'insegna di noi, che iniziano con il sole già alto e in cui l'amore è l'unico appuntamento da rispettare.

Ci alziamo e andiamo a fare colazione dove finisce il mare.

Irene è bellissima: spettinata, struccata e con la maglietta annodata sopra l'ombelico. A vederla sporcarsi le labbra di cappuccino mi torna in mente il primo giorno che gliel'ho visto fare, quando tutto questo era ancora così lontano.

Passiamo la giornata a fare niente, a nutrirci di noi e delle nostre parole. Passeggiamo a piedi nudi sulla sabbia e ridiamo, ridiamo tantissimo. A cena andiamo a mangiare in una pizzeria con i tavoli color del cielo.

«Sai, conoscerti mi ha fatto venire voglia di tutto» le dico, mentre si sporca tutta la faccia di pomodoro.

«E cosa vorresti?»

«Vorrei un sacco di cose, con te. Vorrei osservare i tuoi occhi, che sembra di star sempre al mare. Mi fai dimenticare di aver bisogno del mondo, tu. E vorrei che continuassi a guardarmi così, sì proprio così: tu non lo sai, ma mi fai venire voglia di indossare la bellezza solo per dedicarla a te.»

«E che tipo di sguardo ho ora?»

«Uno sguardo felice. Mi piace quando sei felice. E poi vorrei che vivessimo sempre alla giornata, come abbiamo fatto oggi. Non tutto deve avere un senso, anzi, spesso alcune cose sono belle proprio perché non ce l'hanno. Vorrei quei baci che ti isolano dal resto del mondo e vorrei continuare a riservarti quelle piccole attenzioni che ti fanno sorridere lo stomaco. E poi vorrei la buonanotte.»

«La buonanotte?»

«Sì, ma non quella fra le lenzuola calde, con i nostri corpi vicini. Vorrei la buonanotte che viene prima.»

«Esiste una buonanotte che viene prima?»

«Certo. È quella fatta dei piccoli e semplici riti della sera: vorrei prepararti la cena e mangiare in un'atmosfera soffusa che fa scivolare via di dosso le fatiche della giornata. Vorrei essere io, la fine della tua giornata. Vorrei il tè caldo e la coperta su divano, il tuo spazzolino in bagno e il tuo pigiama sotto il cuscino. E poi vorrei che la mia mano potesse stringere la tua senza un motivo, dandoti un motivo per restare. Ci saranno giorni bui in cui vorrai scappare dal mondo, ma ti prometto che un po' di luce te la darò io. Vorrei prendermi cura di te, dirti che va tutto bene e che è il tuo viso quello che cercherò sempre. Vorrei darti la libertà delle lacrime e quella del sorriso, quella delle urla e quella delle emozioni confessate sottovoce, prendere i sogni che tieni appesi al cuore e dirti che è tutto possibile, se non ti dimentichi del sole.»

«Hai la capacità di lasciarmi senza parole, lo sai?»

«A dire la verità volevo anche dirti che forse tutto quello che desidero darti non sarà mai abbastanza, però ecco, spero di riuscire a farti sentire felice, almeno un po'.»

Per la prima volta da quando la conosco vedo Irene arrossire: «Tu mi fai sentire come non mi sono mai sentita. Ho sempre sognato di incontrare qualcuno capace di farmi provare emozioni così intense da permettermi di scordare tutto il resto. Io non lo so se ho mai creduto nell'amore. Tu però mi fai venire voglia di farlo.»

Irene è capace di stravolgere il mio mondo.

Dopo cena passeggiamo lungo un viale di negozi che sembra stare lì proprio per noi e ci avviamo verso casa.

Irene si addormenta con la bocca socchiusa e la testa appoggiata al finestrino. Il suo viso indossa il rosso del sole.

C'è la notte fuori e una leggera pioggerella scandisce il silenzio, poi il profumo del mare piano piano torna a essere l'odore dei boschi. E scopro che mi piace guardarla, seduta lì con gli occhi chiusi, così rannicchiata su se stessa da sembrare piccolissima e con l'espressione rilassata di chi si sente al sicuro.

Arriviamo e la sveglio con una carezza sui capelli.

«Siamo arrivati.»

Si stiracchia e si stropiccia gli occhi. «Non ho voglia di andare a casa.»

«Ma è tardi...»

«Portami da Winny. In giornate come queste è un peccato andare a letto.»

«Ma hai dormito fino adesso.»

Ride. «Rovini sempre tutto.»

Arriviamo da Winny e le risate dei miei amici si sentono già dalla macchina.

Scendiamo e presento Irene a tutti.

Edo e Laura sono subito curiosi di noi, Francesca invece ha le guance rosse di chi ha bevuto un po' troppo e dimostra nei suoi confronti un affetto esagerato: la prende sottobraccio e la porta al banco a ordinare.

Rido, mentre Irene sparisce con lei dietro la porta del locale.

«Quanto ha bevuto?» domando.

«Non così tanto. Le è presa bene però. Non preoccuparti, sono già diventate amiche.»

Rido.

«Sembra una ragazza a posto» mi dice Edo, mentre mi allunga una sigaretta: «Dài, oggi fumatene una».

La infilo fra le labbra e l'accendo: «Okay. Mi è venuta un po' di paura quando vi ho visti qui».

«Paura?» mi chiede Laura.

«Ma sì, dài. Mi sento sempre in imbarazzo in questi momenti.»

«Ma falla finita.»

Francesca e Irene tornano con in mano due bicchieri più grandi di loro e ridono come matte.

Edo butta la sigaretta per terra. «Tu cosa prendi?»

«Fai tu.»

«Laura?»

«Lo stesso.»

Si piacciono subito, Irene e i miei amici, e si mettono a parlare di tutto. È una di quelle serate in cui la pancia diventa leggera.

In una storia gli incastri sono fondamentali, perché per esistere c'è bisogno che funzioni tutto. Ci sono amori che finiscono per piccolissime incomprensioni diventate voragini nel tempo. Sono le minuscole crepe, che rischiano di rompere tutto.

Io ho sempre avuto paura di presentare la persona che ho nel cuore a chi fa parte della mia vita da sempre, perché è un passo da cui si capisce quanto futuro può esserci davanti.

Stare bene da soli è importante quanto stare bene con tutti gli altri.

Non è facile incontrare qualcuno con cui sentirsi sempre al posto giusto. Qualche volta per una coppia è più facile stare bene sul divano che uscire con gli amici, e capita di trascurarla, questa cosa qui, quando invece conta un bel pezzo di felicità. Fatela sentire felice ovunque, una donna: al mare, a cena fuori, in vacanza, al lavoro, al cinema, dentro casa ma anche fuori.

E abbiate la capacità di divertirvi insieme. State in compagnia, ridete, ubriacatevi, fate nuove amicizie con cui condividere le vostre vite. Fatela ridere, la vostra donna, e vedrete che resterà al vostro fianco.

Facciamo mattina come sempre, da quando conosco Irene.

Mentre la accompagno a casa lei mi tiene sottobraccio per non cadere e alla fine mi infilo sotto le lenzuola, dopo una giornata che ha avuto il sapore di tutto.

Mi arriva un messaggio. È Francesca.

"È bella e simpatica, Irene. Portala più spesso."

Nemmeno il tempo di poggiare il telefono sul comodino che lo sento vibrare di nuovo.

È Irene.

"Sei tutto quello che cercavo ma che non avevo mai trovato."

"E tu sei bella. Ma non bella solo in senso estetico. Sei bella, bella e basta."

"Bella come?"

Ci penso un attimo e poi le scrivo: "Come un bacio mai dato, come il sesso sfiorato e il mare che non ho mai visto. Come il viaggio che sogno da sempre, come la pioggia che non mi ha mai bagnato o il sole che non è mai sorto. Come la colazione che ho sempre desiderato, come i risvegli che aspettavo e come le parole che non ho mai scritto. Sei bella come le cose che non ho mai fatto".

Quando spengo il cellulare e appoggio la testa sul cuscino sento le note di una canzone provenire da casa di Loris. Passerà un'altra notte insonne.

Capita spesso.

Il garage di Loris è tutto un disegno.

Ci sono quadri e colori sparsi dappertutto, in disordine, uno sopra l'altro.

Loris affida il suo cuore alle tele fin da quando era piccolo, tanto che spesso, in passato, è stato escluso dagli altri bambini, che preferivano andare al parco a correre, o al campetto a giocare a pallone. Lo ricordo piangere, e sentirsi sbagliato.

Negli anni, invece, ha scoperto che la sua diversità non era un difetto, ma un dono.

Non dipinge sempre, solo quando si sente triste.

E soprattutto di notte.

Allora si chiude in garage, accende la radio e spara la musica a tutto volume.

Me lo immagino proprio in questo momento, mentre tutto il mondo attorno dorme, lì seduto a rovesciare sulla tela il barattolo di emozioni che ha al posto del cuore.

15

In un bacio c'è tutto quello che deve esserci

Ad agosto Nosellari si accende di musica e il campo da calcio si trasforma in una città.

La festa campestre riunisce anche tutte le frazioni attorno e diventa un'occasione per mangiare polenta, crauti e salsiccia.

Per tre giorni l'odore del cibo impregna l'aria, le canzoni dei Nomadi riecheggiano a ogni angolo, ed è tutto un circo di vecchietti ubriachi e bambini che corrono con montagne di zucchero filato in mano.

Lungo la via di casa spuntano baracche di giochi: tiro con la fionda, lotterie, freccette; e ogni anno viene appeso un grosso prosciutto all'entrata della festa. Bisogna indovinarne il peso con lo sguardo e chi si avvicina di più ha il diritto di portarselo a casa. Da Francesca, qualche anno fa, si è mangiato prosciutto per tre mesi di fila.

Mi ricordo che da bambini si aspettavano quei giorni come si aspetta Babbo Natale.

L'entusiasmo di Irene mi fa ridere, perché lei a una festa di paese non ci è mai stata e pare una bambina in un negozio di giocattoli.

Andiamo a mangiare alla festa assieme a Edoardo, Laura e Francesca, che sembra conoscere Irene da una vita.

Irene assaggia i canederli, grossi gnocchi di pane raffermo mescolato con speck, formaggio e prezzemolo tipici di queste zone. Le piacciono e ne mangia così tanti che diventa una palla pure lei.

Dopo cena lei e Francesca si mettono a giocare alla lotteria. Vincono un dentifricio, un pettine, un servizio di piatti, una pistola ad acqua e un barattolo per fare le bolle di sapone.

Edoardo, Laura e io invece andiamo a fare compagnia a un bambino che gioca a pallone da solo.

C'è un'atmosfera argentata, attorno a noi, e la complicità fra me e Irene traspare in ogni situazione.

Si fa tardi in fretta e a un certo punto, prima di andare via, regalo a Irene un palloncino rosso.

Mi abbraccia.

È uno di quegli abbracci che fa volare in alto il cuore.

«Dicono che da qualche parte esiste il pezzo di puzzle perfetto per completare quello della nostra vita. Dicono che se non si smette di aspettare poi le cose arrivano, che un giorno ti capita di alzarti, di girare l'angolo di una strada che hai percorso mille altre volte, e di ritrovarti davanti all'improvviso la persona giusta per te. Se ne dicono tante, di parole, e se devo essere sincero non mi sono mai fermato ad ascoltarle più di tanto, però ecco, se tutto questo esiste, allora volevo dirti che il mio "tutto questo" sei tu» le dico.

Sono stato curioso di com'era fatta Irene da sempre, ancor prima di conoscerla: è completamente diversa da come la immaginavo, e più bella di quanto potessi pensare.

Non bella in senso estetico. È bella, Irene, bella e basta. E fa parte di quella rarissima cerchia di persone dotate del magico dono di saper infondere il buonumore.

Con lei parlo dell'universo, perché è piena di tutto, come il mondo.

In lei trovo ciò che desidero.

E poi ama baciare: sempre, ovunque.

Deve essere così, in fondo. Perché un bacio non ha bisogno di un quando, o di un dove.

Un bacio non ha bisogno di niente e quando finiscono i baci è perché è finito l'amore.

Non smettete mai di baciarvi. Baciatevi in tutti i modi possibili, baciatevi senza un perché. E scopriteli tutti, i baci: quelli sulle labbra che sussurrano «ti amo», quelli sul collo, che sono «ti voglio» silenziosi, quelli sulla fronte, che profumano di protezione. Ma anche i baci dopo tanto tempo, i baci che sanno d'addio e i baci rubati.

Ecco, rubateli i baci. Baciate all'improvviso. Siate inaspettati.

Si pensa sempre al sesso, ma alla fine, in un bacio c'è tutto quello che deve esserci.

«Sai cosa mi piace di te? Che parli di tutto con estrema leggerezza, perfino del futuro. E sai che cosa diceva Calvino, a proposito della leggerezza?» le confido mentre ci appartiamo un attimo, desiderosi di stare da soli.

Ci sediamo su due altalene.

«No.»

«Diceva: "Prendete la vita con leggerezza, che leggerezza non è superficialità, ma planare sulle cose dall'alto, non avere macigni sul cuore". Bello, vero? Ecco, è soprattutto questo che mi piace di te: la leggerezza e la spontaneità. Il tuo saper cogliere l'attimo, il fatto che appari così semplice quando in realtà hai dentro miliardi di sfaccettature. E così mi infondi serenità, perché tutto è naturale e allo stesso tempo meditato. Quando penso alla frase di Calvino mi vieni in mente tu e sento di aver bisogno di una persona così, al mio fianco. Ho bisogno di leggerezza. E tu sei leggera come il palloncino che tieni in mano.»

Irene sorride. «Non è poi così male, la leggerezza spiegata in questo modo. Mi piace l'idea di essere come un palloncino.»

«E come lo vuoi, il palloncino del tuo futuro?»

«Vorrei un palloncino inedito, un futuro inedito.»

«In che senso?»

«Ma sì, dài, vorrei un futuro che nessuno ha mai

avuto prima: diverso, originale, nuovo. Vorrei arrivare un giorno a voltarmi indietro e dirmi che comunque, anche se ho fatto molti errori, li ho fatti con la mia testa. Non ha senso pentirsi di una decisione, perché nell'esatto momento in cui l'hai presa, eri certo che fosse quella giusta. Vorrei avere più rimorsi che rimpianti. Vorrei avere un futuro coraggioso, colorato, un futuro illuminato dal sole. Vorrei che il palloncino fosse libero di volare verso il futuro, senza per questo dimenticarmi del passato. Ma soprattutto vorrei che il futuro mi riservasse delle sorprese e vorrei riuscire a capirmi fino in fondo. Ecco, dal futuro soprattutto mi aspetto di conoscermi.»

«Posso dire una cosa? Un futuro colorato. Che bello. Sai, io lo dico sempre che il colore cambia tutto.»

«E tu, invece? Come lo vuoi il tuo futuro?»

«Vorrei anche io un futuro inaspettato, di quelli che ti stupiscono.»

Irene sorride. «Francesca mi piace, lo sai? Anche gli altri, non fraintendermi. Ma lei mi assomiglia.»

«Ti assomiglia?»

«Sì, perché anche lei si nasconde. È una di quelle persone con il disordine dentro. Magari tu non te ne accorgi, ma molte donne sono così. Sono perfette fuori perché confinano le imperfezioni in un posto solo loro. E Francesca è così, una di quelle donne con lo sguardo forte, ma il cuore di cristallo. E sta bene attenta a tenerselo sempre, un pezzetto di cuore.»

«Anche tu sei così?»

«Tutti abbiamo qualche piccola fragilità che nascondiamo, perché in fondo, anche se non ne ho mai ben capito il motivo, ci si vergogna sempre un po' di farsi vedere bisognosi d'amore. E tu come fai, quando ti senti così, quando sei triste?»

«Io non li sopporto, i bambini. Perché corrono e urlano così tanto che le loro voci mi martellano in testa tutto il giorno. Però, quando mi fermo un attimo a guardarli, penso che c'è una cosa che possono insegnarci: sorridere. Non ci hai mai pensato?»

«No, a dire il vero.»

«Ecco, quando mi sento triste mi dico che in fondo non c'è bisogno di un motivo per essere felici. E allora perché devo passare una vita in bianco e nero se posso andare in un negozio a comprare dei pennarelli? Però non è sempre stato così, nella mia vita ci sono stati dei momenti bui, delle cadute. Solo che le cadute sono indispensabili per imparare a rialzarsi.»

Rimaniamo un po' in silenzio, giusto il tempo di scoprire che non sempre il vuoto si deve riempire.

«Che cosa ti aspetti da una storia?» mi chiede alla fine Irene.

«Dalla nostra storia, vuoi dire?»

«No, non solo dalla nostra. Insomma, che cosa vorresti dalla donna che hai al tuo fianco?»

«Vorrei una donna semplice, perché sono le cose semplici che ti si incidono dentro, e vorrei una donna capace di non prendersi sul serio, perché la vita è già abbastanza seria. Vorrei una persona curiosa, una persona con cui parlare di tutto, una compagna ma anche un'amica, e vorrei che per lei fosse lo stesso. E poi vorrei una donna con cui poter giocare, perché mi piace giocare con la persona che ho a fianco. Vorrei una persona con cui condividere la quotidianità che, lo so, fa tanta paura, ma in fondo rappresenta il vero tesoro di una storia d'amore. Vorrei passeggiare, andare al cinema, alzarmi a mezzogiorno, cucinare, lavare i piatti, leggere, scrivere, preparare il caffè la mattina. Vorrei fare il bagno nel lago, correre nel bosco, annusare, assaggiare ogni sentimento. Vorrei fare la spesa, avere sempre una parola di conforto, vorrei essere capace di esserci, anche quando invece magari non ci sono. E poi vorrei poterla baciare ovunque, quando ne ho voglia, senza bisogno di pensare al modo giusto, al luogo giusto, al momento giusto. E tu invece?»

«Vorrei che lui fosse per me un porto sicuro. Sai quando c'è una tempesta e hai bisogno di ripararti? Ecco, vorrei che il mio uomo fosse un luogo protetto dalle tempeste della vita. Vorrei riuscire ad abbandonarmi fra le sue braccia senza bisogno di parlare per forza. Vorrei fosse quel silenzio che fa rumore dentro. Niente più di questo, in realtà.»

«Sei una persona piena, lo sai?»

«Piena?»

«Vuol dire ricca di tante cose, vuol dire che hai un

sorriso che esprime tutto, anche quello che cerchi di nascondere.»

«E che cosa nascondo secondo te?»

«Emozioni, pensieri, sogni.»

Sorride.

«Non te l'ho mai chiesto, ma non hai mai provato qualcosa di simile per un'altra persona?»

«Non è poi così facile trovare qualcuno con cui allineare la propria vita. Ho avuto delle storie, è ovvio, ma non ho mai sentito quello sfrigolio fra la pancia e il cuore che mi facesse pensare di essere esattamente dove avrei dovuto. E poi faccio un po' di fatica a fidarmi, di solito.»

«Quando ti è capitato quel dolore lì?»

«Quale?»

«Quello che ti ha resa diffidente.»

«Quando sono entrata a casa sua e ho scoperto che non era solo mio.»

«Che stronzo. Sai cosa, però? A me non piace, perché oggi si insegna a non darla, la fiducia, a doversela guadagnare. Non dovrebbe essere così, secondo me. Io sono per la fiducia fino a prova contraria.»

«Si vede che non hai mai incontrato una stronza.»

«E tu invece?»

«Qualcuno sì. Ho avuto anche un ragazzo che si chiamava Lucillo.»

«Lucillo? Ma che nome è?»

«Che ne so. Lo prendevano in giro in tutta Torino. Comunque, i nomi strani mi piacciono, in realtà.»

«Tranne Lucillo, spero.»

Arriccia le labbra. «Tranne Lucillo. Però non so: Clarice, Christopher e Noelle mi piacciono un sacco.»

«Avrei tantissima paura a fare un bambino con te, lo sai?»

Ride. «Torniamo dagli altri?»

Li raggiungiamo e il resto del pomeriggio vola via veloce.

Quando li salutiamo cade qualche goccia, ma è una pioggia così sottile che rinfresca e solletica la pelle.

«Mamma è uscita stasera, ti va di salire a bere qualcosa?» mi chiede, quando finalmente siamo sotto casa sua.

Saliamo e facciamo l'amore.

È la prima volta che entro in casa di Irene, così mi guardo attorno. C'è il suo odore e il profumo del legno, c'è il letto sfatto e un mare di fotografie alle pareti.

«I tuoi amici di Torino?» le chiedo.

«Sì.»

«Ti mancano?»

«È normale. C'è tanta vita negli anni che mi sono lasciata dietro. Tu sai cosa si prova. Max è partito pochi giorni fa e penso di sapere cosa ti è successo dentro. Per me è stato lo stesso, solo che sono rimasti tutti e sono partita io. Mi piacerebbe tornare a trovarli, un giorno.»

«Ci possiamo andare insieme.»

«Sarebbe bello.»

«E il pianoforte in soggiorno chi lo suona?» domando, cambiando discorso. «L'ho notato prima, quando siamo arrivati. Anche mio padre suona il pianoforte, sai?»

«Davvero? Lo suono io, comunque. Ho studiato musica fin da piccola. Ora sto insegnando anche a mamma, ma non è facile iniziare da grandi. A te piace la musica?»

«A chi non piace la musica?»

«Qualcuno c'è, a dire il vero. Il mio migliore amico a Torino, per esempio.»

«Forse non ha mai ascoltato buona musica, allora.»

«Che musica ascolti tu?»

«Sono più per la musica di una volta. Magari posso sembrare un po' noioso, me lo dicono spesso. Amo Michael Jackson, Billie Holiday, Freddie Mercury, Aretha Franklin, James Brown... e potrei continuare a elencarne altri per giorni. Tu invece?»

«Ascolto un po' di tutto. Non ho un genere preferito, a dirla tutta. Però ascolto molta musica classica. Mi rilassa e mi mette in pace con il mondo. E amo i grandi pianisti: Martha Argerich, Alfred Brendel, Claudio Arrau.»

«Non li ho mai sentiti.»

«Certo, non li mandano mica in radio. Te li farò ascoltare, comunque.»

«Mi piacerebbe anche ascoltare te» le dico.

«Posso accontentarti subito.»

Scivoliamo in soggiorno.

La guardo, ancora nuda, sedersi e iniziare a muovere le mani.

Irene è brava e mi perdo ad ascoltarla, mentre penso che sa suonare anche i tasti del mio cuore.

È tutto perfetto, non cambierà mai niente.

16

Buonanotte a te

Ci sono estati che sembrano non tramontare mai.

Sono quelle che si spengono lasciandoti dentro un oceano di ricordi che ti fanno sentire acceso dentro; quelle che a settembre senti ancora l'odore della spensieratezza addosso e il sole negli occhi.

Sono le estati che ti cambiano la vita e Irene è una di esse, un'estate che non dimenticherò mai.

Me ne sto di fronte al vetro appannato della finestra a fissare un sole sbiadito che risale le montagne, ravvivando i colori dei prati e dei boschi, che con l'arrivo di un settembre freddo, umido e triste, si ammantano di rosso.

Sembra una persona timida e riservata, l'autunno, una di quelle che ti mette di fronte a sorprese inaspettate.

Stormi di uccelli volano via, dissolvendosi in un cielo plumbeo, e la vita si protrae in avanti mese dopo mese, fra i rintocchi delle campane, le solite abitudini, giornate di un azzurro smisurato e altre fatte di tuoni, di foglie stanche e di un vento che soffia sfinito.

L'avvicinarsi dell'inverno riserva temporali che fanno tremare la terra.

Nei giorni di pioggia la natura si abbandona, con i rami secchi e le foglie gialle a supplicare pietà, e l'aria si impregna di legna bruciata e castagne.

In giornate come queste mi metto sotto l'abbaino della mansarda e attraverso il vetro appannato osservo rapito i lampi, i fulmini e il cielo nero. La pioggia schizza e si accumula in profonde pozzanghere e in ruscelli che discendono la via. È tutto un concerto di rombi, ticchettii e scrosci sui tetti.

L'estate è ormai tramontata, ma la storia con Irene continua a crescere e a insinuarsi fra le pieghe dei miei giorni, mese dopo mese.

Lei frequenta il secondo anno della facoltà di Lingue e si alza con noi per prendere la corriera che ci porta a Trento. Non le pesa, la sua nuova vita, anzi, mi dice sempre che salire su quel pullman pieno di studenti le dà la sensazione di far parte di qualcosa di raro, in mezzo alle rocce di un posto incontaminato, in cui al mattino pare di essere sperduti nello spazio.

A quell'ora l'odore di erba selvatica ti racconta una storia che ti porti dietro fino in città e che ti rimane nel naso per tutto il giorno. E poi alzarsi insieme al sole dà la sensazione di avere il tempo di fare tutto.

Mi piace averla accanto in quel viaggio, e poi anche a Nosellari, di sera, e ovunque; e quando la tocco ho l'impressione di sfiorare qualcosa di prezioso.

Le basta guardarmi per riuscire a farmi sentire in pace con il mondo.

Gli occhi di una persona non sono altro che la via più diretta per il cuore.

In questi mesi mi sono perso e poi ritrovato, come succede quando si comincia ad amare. È successo perché ho scoperto tutte quelle piccole imperfezioni che la rendono unica. In fondo è sempre così: i pregi fanno sentire affini, i difetti fanno innamorare.

Sono quelle piccole crepe fra di noi che mi hanno mostrato l'universo che Irene tiene nascosto e in cui mi sono accorto di sentirmi a casa.

Non sono stati mesi semplici, questi che mi dividono dall'addio a Max: accanto a me c'è un vuoto che non posso colmare.

Irene non mi chiede niente, quando nuoto dentro i miei momenti di tristezza, perché ho scoperto che è una di quelle persone che si sentono in imbarazzo a srotolare un mucchio di frasi fatte.

Ha un modo magico di starmi vicino, però, con quei silenzi pieni di parole: il suo «ci sono» sussurrato con una carezza al momento giusto, me lo sento nello stomaco.

E poi capita di litigare, anche. E sono litigi in cui sembra di essere sul punto di dirsi addio, anche se poi non succede.

Capita a tutti, no?

Ci sono quelle notti che vi odiate e vi tirate addosso tutte le cattiverie possibili.

E le urla, e i pianti isterici e anche di più. E poi ti metti a letto che lei ha ancora le guance rigate dalle lacrime, spegne la luce e si volta dall'altra parte con la faccia che affoga nel cuscino. E ti viene in mente quel giorno di tanto tempo prima, quando l'hai vista per la prima volta, con indosso una felpa troppo larga, i capelli mossi e lo sguardo perso in un mondo tutto da scoprire. E adesso, in quella stanza, separati da un buio così fitto da sembrare una voragine, sembra che tra voi si sia improvvisamente eretto un muro.

Ma poi la senti distendersi un po' sotto le lenzuola e toccarti la gamba con il piede freddo. Ed eccola lì. Quella è una fotografia che lascia il segno, ti rendi subito conto che non te la dimenticherai mai. È un gesto semplice, che però nasconde il senso di tutta quanta la vita e la rabbia comincia a sciogliersi come neve al sole. Allora tu le sfiori i capelli, e la senti sorridere in silenzio, e si sposta un po' verso di te e tu verso di lei.

E poi la abbracci. È tutto passato e la senti più tua che mai. Forse è proprio vero che la felicità sta nelle piccole cose.

Anche l'amore, però.

Dopo aver litigato io e Irene ci sentiamo più vicini che mai.

Gli acquazzoni si sono portati via il caldo e le nostre

notti in tenda si sono trasformate in serate chiusi in camera a leggerci un libro. Quando sento la voce di Irene raccontare ho sempre la sensazione di essere unito a lei da un filo invisibile: è come se le vibrazioni dei nostri corpi prendessero lo stesso ritmo.

In quei momenti riesco a dimenticarmi di tutto, e mi viene da pensare che leggere un libro non è poi così diverso dal leggere una persona.

È questo che amo di noi: il modo in cui Irene legge un libro, il modo in cui Irene legge me.

Ho anche conosciuto Sabrina, sua madre. Mi è piaciuta subito, perché è una di quelle donne con attorno un'aura d'amore che non ti fa mai sentire fuori posto, e poi anche con lei, come con Irene, si può parlare di tutto.

Il dolore che ha dovuto sopportare non le ha tolto il sorriso. È una di quelle persone in fase di rinascita, che ti stupiscono per la loro capacità di amarsi. Sono di una bellezza rara, le donne come lei, deluse, ma dotate di una forza che gli uomini, invece, di solito non possiedono. È sempre un nuovo inizio, per una donna, anche quando invece sembra finita. Solo loro possiedono il talento di ricostruirsi e diventare sempre più belle dopo ogni caduta; magari un po' ammaccate, ma affascinanti più che mai. In qualche modo, forse, ancora più donne.

Di Sabrina mi ha colpito la dignità, la voglia di guardare avanti e non più indietro. E poi mi ha colpito l'affetto con cui, una sera a cena, ha parlato del suo ex marito.

«Non riesco a capire come tu possa parlare così bene di lui, dopo quello che ha fatto» le ho detto.

«L'amore è un investimento rischioso. Darsi completamente a qualcuno implica anche la possibilità di soffrire. È vero, poteva finire in modo diverso, se proprio doveva succedere, ma non posso lasciare che un tradimento di qualche mese cancelli tutti gli anni di amore sincero. È stato da quell'amore lì che è nata Irene, come potrei scordarmi di questo? Non ce l'ho con lui, l'arrabbiatura iniziale è passata, e adesso sono riuscita a concentrarmi non sulla fine della nostra storia, ma su tutto il bello che c'è stato prima.»

Parole, carezze, il perdono.

Ci sono cose che può soltanto una donna.

In questi mesi, poi, io e Irene ci siamo mescolati. Abbiamo mischiato baci, mani, amici, famiglie, vite. E abbiamo scoperto che ci stiamo proprio bene, l'uno nel mondo dell'altra.

Irene piace a tutti: a me, ai miei genitori, ai miei amici.

"Ti aspetto" mi ha scritto, una sera, dopo che le avevo detto che sarei passato a prenderla poco dopo.

"Hai detto una cosa bellissima, sai?"

"Il mio amore sta in queste piccole dichiarazioni dette sottovoce, in quegli attimi di fragilità, in cui traspare tutta la potenza di un sentimento che non riesco più a controllare, perché il cuore ha voglia di viverlo.

Il mio amore sta in un 'ti aspetto', in cui si nasconde tutto quell'universo di paure e speranze che ho tenuto nascoste per difendermi un po'. 'Ti aspetto' vale più di qualsiasi 'ti amo', di qualsiasi 'per sempre', di qualsiasi 'a domani'. 'Ti aspetto' significa che ho scelto per chi essere qui. Ci ho pensato, sai? È questo che mi rende felice, essere niente per tutti ma essere tutto per te."

Io non le ho risposto, ma sono corso da lei.

Non appena l'ho vista, però, ho srotolato un fiume di parole. «Pensavo di volerti dire tante cose, invece ti dirò solo che sono felice. Sei arrivata quando avevo già amato troppo, ma mi hai insegnato che non si ama mai abbastanza. Quindi tienimi con te. Solo questo. Tienimi con te quando anche il cielo sembra dirti il contrario, tienimi con te quando avrò abbassato lo sguardo e penserò di aver perso tutto, quando sarò arrabbiato e ti dirò tutto ciò che non penso. E poi tienimi con te anche quando sei felice. Voglio vederti sorridere, voglio vedere i tuoi occhi brillare. Tienimi con te quando sarà tutto perfetto e il nostro amore ci sembrerà eterno, quando ci infileremo in un letto troppo grande, quando correrò da te solo perché è tutto ciò che voglio. Ecco.»

Quella sera, invece di uscire con tutti gli altri, ci siamo nascosti in un sentiero nel bosco, ci siamo chiusi in macchina, abbiamo fatto l'amore tutta la notte e poi abbiamo giocato a tris sui vetri appannati.

Mentre questo ricordo mi disegna un sorriso, entra papà.

«Che succede?» gli chiedo.

«Nulla. Volevo chiederti se avevi voglia di venire a funghi con me.»

«E me lo chiedi?»

«Bravo, ragazzo. Ti aspetto di sotto.»

Andare a funghi con papà mi piace perché mi ricorda quando ero bambino, quando camminavo per il bosco con una mano aggrappata ai suoi pantaloni e un cestino nell'altra.

Quando saliamo in macchina e partiamo la sua espressione si fa subito seria.

«Non abbiamo mai molte occasioni per stare da soli» comincia.

Lo guardo corrugando la fronte.

«Sì, insomma, c'è sempre la mamma nei paraggi» prosegue.

«Papà, devi dirmi qualcosa? Non farmi preoccupare.»

Lo vedo stringere un po' più forte la leva del cambio e abbassare impercettibilmente lo sguardo, prima di tornare a fissare la strada.

«Tu sei come me, lo sai? Non chiedi mai.»

«Che cosa vuoi dire?»

«Voglio dire che ti tieni tutto dentro senza chiedere mai una risposta a tutte le domande che ti fai. Non sono stupido, Andrea. So di averti deluso. E questo mi fa stare male.»

All'improvviso capisco dove vuole arrivare e mi riaffiorano alla mente le immagini della notte di qualche mese fa, in cui la nostra famiglia ha tremato; e poi delle settimane seguenti, fatte di tanti interminabili silenzi, proprio come quello che d'un tratto si intrufola fra i sedili dell'auto e separa me e papà.

«Ci sono paure che fanno venire voglia di stare zitti» gli rispondo.

«Lo so, ma questo non risolve niente. Non ti sei mai chiesto come va fra me e mamma dopo quel giorno?»

«Sempre.»

Papà mi guarda e all'improvviso mi viene il timore che questa chiacchierata non avrà un lieto fine.

«Come va fra di voi?» domando, allora.

«Fra di noi va bene, molto bene. Tua madre è una donna straordinaria, lo sai? Ha sempre avuto la capacità di superare tutto, anche se molto spesso sarebbe stato più facile andare via.»

Sento subito il cuore rimettersi al posto giusto.

«Perché lo hai fatto, papà?»

Lui continua a fissare la strada. «Non lo so. Forse qualche volta ci si dimentica ciò che si è passato. Sai, se ti ammali e poi guarisci, capita che ti senti invincibile di nuovo, anche se non è così.»

«E dopo quel giorno l'hai più fatto?»

«Volevo parlarti proprio di questo...»

A quelle parole sento un macigno cadermi dal cuore allo stomaco.

«Allora?» cerco di incoraggiarlo.

«Sì, mi è capitato.»

Sono rimasto zitto, allora, con quelle parole a rimbombarmi nella testa.

«Mamma lo sa. La settimana scorsa ha trovato una bottiglia di vino in cantina, mi nascondevo lì quando avevo voglia di un bicchiere. Non te l'ha voluto dire perché pensava fosse giusto lo facessi io.»

Rimango in silenzio a pensare a tutti i possibili significati delle sue parole. E mi sembra di rivedere papà tanti anni fa, in quel letto d'ospedale, una scena a cui un bambino non avrebbe dovuto assistere.

«Ti fai male, papà. E lo fai anche a noi. A questo non ci pensi?» riesco a dire.

«Ogni giorno.»

«So che non bevi molto, perché in questi anni mai una volta sei rientrato ubriaco, il problema è che a te fa male anche un sorso ogni tanto. E mi girerebbero i coglioni se dovessi ammalarti di nuovo per questo motivo qui.»

Papà si ferma sul ciglio della strada e spegne il motore. Ci troviamo al limitare di un bosco profumato.

«È per questo motivo che ieri sono andato dalla dottoressa che ogni sei mesi mi fa le analisi e le ho raccontato tutto. Mi ha detto che cominciava ad avere il sospetto che avessi ripreso a bere, perché gli ultimi controlli non erano andati benissimo. Mi ha consigliato di farmi aiutare…»

«Come?» gli chiedo.

«A Lavarone c'è un gruppo di persone che tutte

le settimane si ritrova insieme per parlare di questo problema. E poi si stanno vicino, si raccontano, si aiutano. Il progetto parte dall'idea che un problema da risolvere da soli è molto più grande di un problema da risolvere insieme. Ne ho già parlato con mamma. Tu che cosa ne pensi?»

«Penso che sia una buona idea. Ti posso accompagnare, se ti fa piacere.»

«Sono le stesse parole che ha detto lei.»

E all'improvviso vedo lo sguardo di papà riempirsi di lacrime. E poi cominciano a tremargli le mani.

All'improvviso, forse per la prima volta nella mia vita, mi sento seduto accanto a un uomo forte ma con le debolezze di chiunque.

Potrei arrabbiarmi, urlare, scendere dall'auto e correre fortissimo. Invece gli prendo la mano. E basta.

Quando scendiamo dall'auto ci abbracciamo e ci nascondiamo nel bosco.

È tanto tempo che non passo un pomeriggio da solo con papà, e mi piace tanto.

Tornati a casa, lo aiuto a tagliare i funghi e a stenderli sulla carta di giornale per farli essiccare.

Mamma, a guardarci lavorare insieme, cerca di nascondere un sorriso, senza riuscirci.

Ceniamo con un'insalata, un po' di carne e un luccichio nuovo nello sguardo.

Più tardi però mi viene voglia di Irene.

Quando arrivo da lei saluto Sabrina e la raggiungo in

camera. Indossa una maglietta nera, da cui sbucano le sue gambe nude. Mi viene incontro e mi abbraccia.

«Andiamo al cinema?» mi dice.

«Dobbiamo arrivare fino a Trento però.»

Lei alza le spalle. «Hai di meglio da fare?»

«Veramente no.»

«Danno qualcosa di bello?»

«Non lo so. Ma cosa importa? Scegliamo un film a caso.»

«Non l'ho mai fatto.»

«Lo so, nessuno lo fa. Facciamolo noi.»

«Mi piacciono i nostri giochi.»

«Anche a me. Non dobbiamo smettere mai.»

In macchina racconto a Irene di papà e lei non dice niente. Mi ascolta però, e lo fa in un modo tutto suo. Lei non ha bisogno di parole.

Il nostro film a caso è un western con un sacco di sparatorie e tantissimo sangue. A me è piaciuto, Irene invece praticamente non l'ha visto, perché ha passato tutto il tempo con le mani sugli occhi.

Dopo il cinema abbiamo fatto una passeggiata in centro, abbiamo mangiato un trancio di pizza seduti sul marciapiede e abbiamo passato ore a chiacchierare.

Quando torniamo a casa e la saluto sulla porta ho la sensazione di aver trascorso una serata normale e proprio per questo speciale.

La abbraccio forte. «Tu mi ispiri coccole, sesso e vita» le dico.

La sento ridere, con il volto schiacciato contro la mia felpa.

«Andrea.»

«Sì?»

«Niente, è solo che ti amo.»

Me lo dice così all'improvviso che la mia pancia non se lo aspetta e fa una capriola all'indietro.

«Ti amo anche io.»

Rimaniamo abbracciati per un tempo che sembra non finire mai.

Poi ci salutiamo con un bacio e io torno in macchina, ma ancora prima che possa mettere in moto mi arriva un messaggio.

"Ti amo come si amano gli arrivi che non ti aspetti. Come si ama il sole e il mare, come si amano i brividi sulla pelle e i baci rubati. Ti amo, ma soprattutto ci amo. Ci amo così come siamo."

Sposto lo sguardo sulla finestra di casa sua, giusto in tempo per vederla accendersi. Da dove sono riesco a scorgere la sua ombra sul muro mentre si spoglia, ed è una scena che mi emoziona, perché il pensiero che il corpo di Irene è soltanto mio mi fa sentire fortunato.

E lì mi viene da pensare che ci sono diversi tipi di fortuna: c'è quella che fa stare bene per tanti anni, quella che fa sbocciare i desideri e li avvera, quella che ti fa andare a letto con la consapevolezza di aver fatto qualcosa per te. C'è la fortuna di avere accanto una mano studiata proprio per intrecciarsi con la tua, quella che ti fa sentire un trampolino dentro e quella che ti fa amare un po' più tutto: i fiori, i boschi, l'acqua, l'erba, la sabbia, gli arcobaleni, il tempo, le montagne, le vittorie, le sconfitte, la vita, gli incontri, gli addii, gli attimi che non ti aspetti. E poi c'è la fortuna di poter amare e di essere amati.

La mia fortuna è Irene, perché le racchiude tutte quante.

Prendo il cellulare e le scrivo.

"Buonanotte, amore mio. Buonanotte a te che non ci credi mai, ma alla fine ci speri sempre. A te che dici di aver amato troppo, ma mai abbastanza. A te che pensi che il tramonto è solo tempo che passa, e basta. Buonanotte a te, che ogni fine è sempre un nuovo inizio. A te che ami la pioggia perché lo sai che poi viene il sole. E poi buonanotte a te che sei fragile ma cerchi di essere forte. A te che avevi il cuore a pezzi ma sei riuscita ad aggiustarlo. A te che apri sempre gli occhi, ma dai tuoi sogni non ti svegli mai."

Invio.

Irene mi risponde qualche secondo dopo.

"Hai ragione tu, sai? Non conta per quanto tempo hai aspettato una persona, ma chi hai aspettato tanto."

17

Irene non c'è più

Il giorno dopo cerco Irene, ma non la trovo.

Corro ovunque: in paese, al lago, nel bosco. Corro con le lacrime agli occhi, quelle lacrime che scendono quando si infrangono i sogni.

La cerco dappertutto, ma niente.

Irene non c'è più.

18

Una donna è fragile, ma debole mai

È la mancanza di spiegazioni che fa più male, quando una storia finisce, anche se l'amore è per sua natura inspiegabile. Può succedere di tutto: lasciarsi, ferirsi, innamorarsi di qualcun altro, avere voglia di lasciare qualcosa di bello per andare in cerca di qualcosa di meglio.

Si soffre, in quei momenti, perché un addio è per sempre, e se le spalle che si voltano sono quelle che ami, il dolore ti spacca lo stomaco. È la cosa più naturale del mondo.

Gli addii che non hanno un perché, però, sono i peggiori: ti lasciano addosso quella speranza che tiene gli occhi aperti anche di notte e ti spingono a mettere in discussione te stesso e tutto ciò che hai dovuto imparare negli anni.

Io mi guardo attorno e la vedo ovunque, Irene.

E la sento: sento il suo sorriso nell'aria, la sua voce

ovunque, il suo profumo nel petto. E vedo i suoi piedi nudi nell'erba, i suoi sogni in quella tenda sotto le stelle, i suoi baci di promesse silenziose. Vedo le sue mani stringermi quando ho paura, i suoi capelli solleticarmi il collo dopo aver fatto l'amore, i suoi occhi dire «sono felice». E poi vedo le sue labbra muoversi mentre legge un libro, quel «ti amo» che adesso sembra così lontano.

Possono mancarti tante cose, nella vita, ma se va via, l'amore ti manca più di tutto il resto. Quando ti svegli senza quel messaggio che ti faceva venire voglia di lasciare le lenzuola, quando passeggi e ti sembra di incrociare i suoi occhi ovunque. L'amore manca tutte le prime volte che fai qualcosa che prima, invece, facevi con lei: la spesa, guardare un film sul divano, dormire fuori, cucinare, correre, andare al mare, ridere, giocare, scappare, preparare il caffè, parlare di niente, andare a comprare i biscotti, viaggiare, leggere un libro, cantare in macchina, uscire senza che lei si prepari, andare a dormire. L'amore manca quando la notte ti svegli all'improvviso, ti volti e lei non c'è, e ti sale un palloncino d'acqua negli occhi.

E poi l'amore ti manca quando hai voglia di ridere ma non c'è più nessuno che ride insieme a te, quando ti ricordi di tutti i sogni che avevate in comune e che adesso, invece, sono diventati soltanto tuoi, quando ti rendi conto che i vostri progetti li stai buttando tutti in sigarette e alcol. E l'amore ti manca anche in tutte le piccole assenze che all'improvviso fanno parte delle tue giornate, quando ti incanti sul divano a fissare il muro bianco e scopri che di lei ti mancano anche i difetti e che baratteresti qualsiasi cosa, anche un pezzo di cuore, pur di averla di nuovo davanti e chiederle perché.

La verità è che ho un po' paura di disilludermi. Perché succede anche questo, alla fine di una storia. Succede che viene voglia di smettere di crederci, nell'amore, anche se per anni ti sei battuto per difenderlo.

Anche in questo caso è colpa dei sogni: è bellissimo sognare, soprattutto quando il sogno d'un tratto ce l'hai davanti agli occhi e basta colmare la distanza di un bacio per realizzarlo. Poi però ti svegli e i sogni svaniscono.

Irene è tante cose, anche adesso che forse non c'è più.

Irene è come andare al mare, quando parti con la pioggia ma arrivi col sole, è quel sorriso che non t'aspetti, è tutte quelle follie di cui non ti penti. Irene è tutte le parole scritte e quelle non dette, è il sangue che pulsa nelle vene, è quel brivido che aspettavo da sempre. È una carezza senza motivo, è guardarsi senza dirsi niente, che alla fine è dirsi tutto.

In questi giorni senza di lei ho perso la voglia di fare, di desiderare, di parlare.

Edoardo, Francesca e Laura sono venuti più volte a suonare a casa. Ho aperto per cortesia, ma non avevo voglia di vedere nessuno, perché ci sono momenti in cui vorresti solo chiuderti in un guscio e lasciare il mondo fuori. Un guscio in cui abbracciarsi e tenersi stretti.

Un'altra cosa che mi fa paura è che le donne, quando dicono basta, è basta davvero. Siamo noi quelli dei tira e molla, dei ripensamenti quando ormai è troppo tardi, delle corse per andare a riprenderle, quando all'improvviso ci accorgiamo che non si sta poi così bene con quel posto vuoto accanto.

Siamo fatti così, noi uomini: tanto fragili da risultare deboli.

Le donne invece sono diverse: una donna può essere fragile, ma debole mai.

Le donne hanno dentro tutto un repertorio di dispiaceri, di deviazioni improvvise, di porte chiuse a chiave su cui scrivono: "Non aprire mai più".

È anche questo che mi fa tanto male. Pensare di non essere niente più che una porta chiusa. Che è un po' come essere una di quelle canzoni che si ascoltano così tante volte che poi un giorno finisci per detestarle.

Il tempo passa più lentamente, adesso che non c'è più Irene a farmelo trascorrere esattamente come desidero, e mi sento un pochino più lontano da tutto, anche dalla vita. È come se i secondi delle mie giornate si fossero trasformati nei battiti di un cuore stanco.

Io non lo so mica come si chiamano, quelle piccolissime pause fra un secondo e l'altro, so solo che è lì che l'assenza di Irene fa più male. È sempre così: il silenzio fa più rumore delle parole.

E allora, un pomeriggio in cui non avevo voglia di vedere il sole, ho deciso di rovesciare tutto ciò che avevo da dire su un foglio.

Irene,

facciamo che è solo la distanza di un caffè che ci separa.

Facciamo che dimentichiamo tutto e ricominciamo da quella panchina che ci ha mescolato i sentimenti.

Vuoi tornarci con me?

Però porta con te anche tutta la nostra magia, la nostra voglia di perderci. E non smettere mai di guardarmi come hai fatto quella volta.

In fondo che amore è, se non ti fa perdere anche un po' l'orientamento? È quando non sai più dove andare che per una coincidenza ritrovi la via di casa.

Ecco, tu sei stata un po' la mia casa.

Come sarebbe ora, un tetto nostro? Uno di quei tetti che ci costruivamo con le nostre risate, sincronizzate alle locomotive del cuore.

Non mi dispiacerebbe, sai, essere il tuo tetto, il tuo riparo dalle tempeste della vita.

Io non ce l'ho più, un luogo in cui ripararmi.

E tu?

Non faccio che pensare a te: alle tazzine della nostra colazione, alle tue mani bisognose delle mie, a quel modo tutto nostro di incatenare gli sguardi.

Gli occhi. Nessuno ha avuto i miei come hai fatto tu.

Può essere che io non abbia saputo amarti, e che io ti abbia persa nel tentativo di farlo.

Incontriamoci in una nuova coincidenza.

Dimmi che non è la fine, ma un nuovo inizio.

Facciamo così, vuoi?

Perché ha poca memoria, l'amore: si è dimenticato anche di noi.

Andrea

Sono passati alcuni giorni e non posso più evitare di uscire, così, una sera, raggiungo i miei amici da Winny. Dopo qualche bicchiere di troppo, torniamo a Nosellari.

Il parco giochi, di notte, diventa uno scrigno di segreti.

I miei amici e io, quando abbiamo bisogno di raccontarci, aspettiamo il buio e andiamo lì. Lo facevamo anche da bambini, perché è sempre di notte che si confessano i segreti più intimi.

Tanti anni fa avevo nella mia stanza un letto in più, sempre pronto per accogliere Max, Edo o Lorenzo. Erano notti infinite, quelle. Con gli anni poi i nostri letti si sono trasformati nello scivolo blu del parco giochi. E poi la giostra, le altalene, la sabbiera che da piccoli ci sembrava una spiaggia.

È qui che affondano le radici della nostra amicizia.

Edo sospira. «Domani devo andare a trovare nonna. Mio padre si lamenta sempre, perché dice che dovrei farlo più spesso.»

«E perché non lo ascolti?» Laura sfila una sigaretta.

«Perché se ci andassi di più diventerei una mongolfiera.»

«Dài, Edo...» Francesca non riesce a trattenere una risata.

«Non scherzo. Nonna fa sempre da mangiare per un reggimento. Quando mi vede varcare la soglia di casa sua comincia a spadellare come una matta. E non gliene frega niente se non ho fame. Mi dice sempre: "Mangia che devi diventare grande". Ma io sono già grande! E poi ha una passione smisurata per il succo all'albicocca. La prima cosa che mi chiede è: "Vuoi un succo?". Io le rispondo di no. E lei: "Va bene, vado a prenderlo".»

«La vorrei io una nonna così.» Laura non va molto d'accordo con i membri più anziani della sua famiglia. Spesso ci ritroviamo invischiati in dinamiche che risalgono a quando noi eravamo talmente piccoli da non ricordarcelo.

«Sì, lo so. Scherzo. È una nonna fantastica, e come tutte le nonne sa fare tutto. Sapete cosa è successo l'anno scorso? Non so se ve l'ho mai raccontato.»

«Non sarà una delle tue storie...» lo interrompo.

«No, giuro che è successo davvero. Avevo un paio di jeans, di quelli strappati, ma si erano bucati dietro. Allora le ho chiesto se poteva aggiustarmeli, visto che ha una di quelle macchine da cucire con il pedale che si usavano tanti anni fa. Naturalmente mi ha detto di sì, perché lei dice sempre di sì a tutto, ma quando sono andato a prenderli mi è venuto un colpo. Me li aveva aggiustati proprio tutti, niente più jeans strappati, ma tutti rattoppati. Nonna era così fiera del suo lavoro che non le ho mai detto di averli buttati via. Comunque, è stata una scena di una dolcezza smisurata, secondo me.»

Ridiamo.

«Non credo sia la parola giusta, ma alcuni vecchietti fanno tenerezza. Mi commuovono, a volte. Custodiscono nei gesti un amore così autentico che mi spiazza.»

«È così. Sono sempre meravigliato da come mia nonna tratta gli oggetti, da come ripiega le maglie, o da come sistema le scarpe o le posate nella credenza. Tratta ogni cosa come se avesse una dignità, come se facesse parte di lei.»

«Edo, ma lo sai che mia nonna e tua nonna si sentono diciassette volte al giorno?»

«Ma diciassette per dire, oppure proprio diciassette?»

«Proprio diciassette, non una di meno, non una di più.»

«Ma sono matte?»

«No, cretino. Sono vecchie.»

«Sei proprio stronzo. E poi scusa, che c'entra la vecchiaia?» interviene Laura.

«Si sincerano che vada tutto bene. Per esempio si chiamano prima di andare sotto la doccia, e poi quando hanno finito.»

«Perché?»

«Sai, da anziani in bagno può succedere di tutto. Che ne so, scivolare, sbattere la testa e morire.»

«Andrea, non dire queste cose...» Laura mi guarda storto.

«Scusa. Comunque, si chiamano perché così, se non si sentono per troppo tempo, possono dare l'allarme.»

Edo sembra stupito. «Devo ammettere che è una cosa bellissima.»

«Già...»

Sorrido, triste.

Non parlo di Irene perché so che stanno cercando di fare in modo che io non ci pensi. E non voglio dirglielo che è inutile, perché tanto ci penso sempre lo stesso.

D'un tratto smetto di ascoltarli e, mentre loro scherzano, osservo il bosco dietro al parco: mi sembra di essere ancora lì, con Irene, a guardarci negli occhi, lassù, nella casa sull'albero.

Che cos'è successo?

Che cos'è cambiato?

Dove sei?

Laura ride a squarciagola per una battuta che non ho sentito e io ingoio le lacrime che stanno per affiorare.

È proprio vero: a volte l'amore più forte è quello che non esiste più.

19

È sempre il momento di te

«Non c'è traccia di lei. Ho provato a scriverle anch'io, ma non legge nemmeno i messaggi.» Francesca scuote la testa confusa, mentre fa l'ultimo tiro di sigaretta.

Siamo seduti sulla panchina di legno nel giardino di casa mia, con i fili d'erba a solleticarci le caviglie.

«Tutto questo non ha senso. Dev'essere successo qualcosa, perché non me la immagino Irene a scappare via così.»

«Tornerà, vedrai. Abita qui. Non può essere scomparsa. Sono passati solo tre giorni.»

«Certo che tornerà, ma per restare o per andarsene via di nuovo?»

«Non lo so.»

È come se Irene non fosse mai esistita. Le finestre di casa sua sono chiuse e l'auto di Sabrina non è più posteggiata in giardino. È tutto troppo surreale.

Sorrido, triste. «Parliamo d'altro. Non voglio pensare.»

«Ho iniziato a uscire con Tomas, sai?»

«E chi è Tomas?»

«Dài, lo conosci benissimo, è quello con cui ti picchiavi all'asilo.»

«Oddio, ma com'è successo? E poi lo conosci da una vita! L'hai visto con il pannolino!»

«E che c'entra?»

«Non lo so, ma io non uscirei mai con una ragazza che ho visto con il pannolino!»

«Ah no?»

«No.»

«E cosa mi dici di Elisa?»

«È diverso.»

«Perché è diverso?»

«Be', perché Elisa era Elisa.»

«Anche Tomas è Tomas.»

«Ma Tomas ha quella faccia da schiaffi...»

«Ce l'hai con lui solo perché all'asilo non andavate d'accordo.»

«Forse.»

«Andrea, è passato un po' di tempo. Potresti anche dargli un'altra possibilità.»

«Non lo so, mi ha rubato la fidanzata e io ne ho sofferto.»

«Ma avevi quattro anni!»

«Ci sono cose che ti segnano per sempre.»

«Fanculo.»

«Francesca!»

«Che c'è?»

«Non parlare così.»

Mi guarda malissimo e scoppiamo entrambi a ridere.

All'asilo avevo una ragazza di nome Silvia, con cui mi nascondevo in bagno per darle dei leggeri baci sulla bocca. Mi piaceva proprio, Silvia. Poi un giorno le ho regalato un anello, che ho trovato in un sacchetto di caramelle che mi aveva dato mamma.

Lei però l'ha buttato nel cestino dell'immondizia e mi ha detto solo: «Non ti voglio più».

Ci sono rimasto malissimo, soprattutto quando, qualche giorno dopo, si è fidanzata con Tomas.

«Che c'è?» mi chiede Francesca.

«Niente. Ricordi.»

Inarca un sopracciglio. «Comunque, a proposito di Elisa...»

«Sì?»

«È tornata.»

È come un pugno allo stomaco, che mi fa risalire un sapore strano in gola. Non che m'importi troppo di lei, è solo che dopo tanti anni insieme Elisa non sarà mai una ragazza qualunque.

«Come lo sai?»

«L'ho incrociata ieri al supermercato. Stava comprando il latte. Ci siamo fermate a parlare un po'. Te lo dico perché sicuramente ti capiterà di incontrarla.»

«Hai fatto bene ad avvisarmi.»

«A che cosa pensi? Hai un'espressione strana.»

«No, niente. È solo che non me l'aspettavo. Insomma, l'ultima volta che l'ho vista è stato il giorno in cui ci siamo lasciati.»

«Lo so.»

«Ecco, credo sia normale sentire un po' di agitazione. In fondo non so nemmeno cosa aspettarmi. Me lo sono chiesto tantissime volte come sarebbe stato rivederla, e non mi sono mai saputo dare una risposta.»

Francesca annuisce.

«Avrei preferito fosse tornato Max, comunque» aggiungo.

«Lo avremmo preferito tutti. Chissà come se la sta passando.»

«Lo conosci, se la cava sempre. Lo senti spesso?» le chiedo.

«Qualche volta sì, ma tra il fuso orario e tutto il resto facciamo un po' fatica. E tu?»

«Un paio di volte alla settimana. Però mi manca tantissimo, soprattutto in questo momento. Mi piacerebbe stare in silenzio insieme a lui a fissare il muro.»

«E a chi non piacerebbe fissare il muro con qualcuno?»

«Stupida. Io e Max lo abbiamo sempre fatto, nei momenti difficili. Mi ricordo che quando si è lasciato con Margherita sono andato da lui, ci siamo seduti sul divano e abbiamo guardato il muro per tutto il pomeriggio. Alla fine, si sentiva meglio.»

«Uomini...» Francesca quando non sa cosa dire dice sempre "uomini", e lo fa con quell'aria di superiorità tipica di chi la sa lunga.

«Non è questione di essere uomini, è questione di affinità. Fissare il muro è soltanto una metafora; potremmo fissare anche una palla, o sederci per terra a bere una birra, o andare a passeggiare senza rivolgerci la parola; ma non è questo il punto. Il punto è che sono rare le persone con la capacità di sollevarci il cuore senza bisogno di fare niente. Quando sono triste non ho bisogno di qualcuno che venga a prendermi a casa per andare a una festa, mi basta un amico che si sieda di fianco a me e che senza bisogno di parlare mi faccia sentire che tutto si può aggiustare.»

Francesca mi guarda.

La sua espressione è cambiata, non vuole ammettere di aver preso una cantonata e quindi adesso di sicuro cambierà discorso.

«Laura invece la vedo felice» mi dice.

Sorrido fra me e me.

«Sì, anche io. Più che altro non si lamenta da un po'. E lei di solito si lamenta sempre.»

Ride, coprendosi la bocca con la mano. «Quanto sei stronzo.»

Rido anche io. «Devi ammettere che è vero. Ma lo dico con affetto, eh. Io le voglio bene.»

«Qualche volta in effetti esagera, ma guarda che anche tu ce li hai, i tuoi difetti.»

«Lo so. La mia unghia del mignolo del piede destro, per esempio. È così piccola che quasi non si vede.»

«Certo, quello. E poi ogni tanto sei anche egocentrico e arrogante. E disordinato.»

«Io la odio, la mia unghia del mignolo del piede destro. E non sono arrogante, comunque.»

«Sì, invece...»

«E neanche egocentrico.»

«Non te ne accorgi.»

«Ma disordinato, sì. È una scelta però.»

«Davvero?»

«Sì, preferisco usare il tempo per fare altro. È una questione di priorità. E poi lo sai che ho letto che le persone disordinate sono più intelligenti?»

«Questa è una di quelle cose che dicono sempre le persone disordinate per giustificare il fatto di essere disordinate.»

«Non è vero...»

«Andrea, una volta ho trovato le tue scarpe da ginnastica nel microonde.»

«Era stato Edoardo.»

«Sì, ma quando le ho trovate mi hai detto di lasciarle lì, che tanto le avresti sistemate più tardi. È questo che intendo quando dico che sei disordinato. Cioè, forse non è che sei disordinato, è che non te ne importa niente.»

«Vieni da Winny stasera?»

«Lo vedi? Quando capisci di avere torto cambi discorso, e io allora sono soddisfatta perché vuol dire che ho ragione. No, comunque. Stasera ho promesso a Tomas di uscire con lui.»

«Sarà sicuramente una serata divertente. E anche tu fai lo stesso, comunque.»

Mi lancia un'occhiataccia.

«Grazie, Francesca.»

«Per cosa?»

Scrollo le spalle. «Per questo.»

Si alza e mi scocca un bacio sulla guancia. «Devo andare. Ci sentiamo domani, ma stai su, mi raccomando.»

Rientro a casa con il cuore più leggero, così mi metto a scrivere qualcosa. Non lo faccio da un po' e qualche volta mi manca.

Dopo cena guardo un film, ma in realtà non faccio che pensare a Irene e al fatto che Elisa è tornata.

Mi addormento con il telecomando in mano.

Il giorno dopo la incontro. Per fortuna che Francesca mi ha avvisato, altrimenti mi sarebbe preso un colpo. Io e Edo stiamo fumando una sigaretta sulla veranda del bar sul lago, Elisa ci vede e ci viene a salutare.

«Ciao» mi dice.

«Ciao.»

C'è un attimo di imbarazzo, poi Edoardo fa una smorfia e ci lascia soli.

«Come stai?» mi chiede.

«Potrei stare meglio, e tu?»

«Io tutto bene. Cosa succede?»

«Niente di importante.»

«Se non fosse importante non ti farebbe stare male.»

«Niente di importante per te, volevo dire.»

Elisa fa per dire qualcosa, ma poi si blocca.

«Sei tornata» dico io.

«Sì, ho scoperto che tutta quella pioggia non fa proprio per me.»

«E poi?»

«E poi cosa?»

«Sei tornata solo perché dovevi uscire sempre con l'ombrello?»

«E anche perché un po' mi mancava questo posto.»

Mi viene da chiederle se io invece le sono mancato, ma non lo faccio.

«Mi dispiace per come è finita fra di noi, Andrea.»

Alzo il mio sguardo e ne incontro uno sincero: «Hai deciso tu di eliminarmi dalla tua vita».

«Lo so.»

«Io non l'avrei mai fatto.»

«Lo so, mi dispiace.»

«Non puoi sapere quanto ho sofferto quando sei partita.»

«Ho sofferto anche io.»

«Non allo stesso modo.»

«So anche questo.»

Resto in silenzio.

«La tua email mi ha spaccato il cuore» prosegue lei.
«Ho scritto ciò che pensavo.»
«Hai usato bene le parole.»
«Lo sai che cerco di farlo sempre nel modo giusto.»
«Sì, e so anche tante altre cose di te.»
«È ovvio, la nostra è stata una storia lunga.»
«E intensa.»
«E intensa.»
«A che cosa pensi?» mi chiede all'improvviso.
«Adesso?»
«Sì...»
«Che non mi aspettavo di incontrarti.»
«E ti dispiace?»
«No, anzi, mi fa piacere. È normale.»
«Dici?»
«Credo di sì.»
«E tu?»
«Cosa?»
«A che cosa pensi?»
«Che sono felice.»
«Di essere tornata?»
«No, di essere qui con te.»
Le sorrido, ma non rispondo.
È vero che mi fa piacere vederla, ma a trovarmela davanti così all'improvviso ho scoperto che non mi importa se è tornata, perché dal mio cuore è andata via per sempre.
«Bevi qualcosa?» le domando.

Sorride. «Volentieri.»

Elisa non è cambiata, ma io sì.

Prendiamo due birre, usciamo e ci sediamo sul marciapiede. Le nostre voci si mescolano al rumore delle auto che passano poco lontano da qui.

«Ci hai più ripensato a noi?» mi chiede.

«Certo che ci ho ripensato. E tu?»

«Anche io.»

«E che cos'hai pensato?»

«A come sarebbe andata se avessi preso una decisione diversa.»

«E come pensi che sarebbe andata?»

«Non lo so. E credo che non lo scoprirò mai.»

«Ti sei pentita di essere partita?»

«Non serve a niente pentirsi delle proprie scelte.»

La osservo in silenzio.

I suoi occhi sono sempre i suoi occhi.

«Perché non mi parli?» domanda Elisa.

«Mi sto chiedendo se lo fosse davvero...»

«Cosa?»

«La scelta giusta...»

«Andrea...»

«Sì?»

«Posso abbracciarti?»

Ho un attimo di esitazione. Gli abbracci di Elisa non li ho dimenticati, e nemmeno il potere che avevano sul mio corpo e sul mio cuore.

«Puoi» le dico.

Lei sorride e si avvicina. Mi stringe a sé ed è come se il tempo non fosse mai passato. Il suo odore mi provoca un brivido.

È solo un momento però; subito dopo arriva la leggerezza di quando scopri di esserti disintossicato da qualcuno. Quell'abbraccio mi fa sorridere il cuore, perché scopro che dentro c'è tutto l'affetto che provo per una persona che, comunque, mi ha cambiato la vita; ma dimostra anche, se ce ne fosse bisogno, che Irene la amo davvero.

«Ti voglio bene, Andrea.»

Sorrido, il viso nascosto fra i suoi capelli.

«Anche io.» E sono sincero.

Ci stacchiamo e, dopo un istante d'imbarazzo, continuiamo a chiacchierare come due vecchi amici. Mi piace. Elisa è una persona che stimo e mi affascinano i suoi racconti sulle esperienze che ha fatto lontano da qui.

Io invece le parlo di Max, della mia famiglia, che per qualche tempo è stata anche la sua, e di molto altro.

Non di Irene, però.

Quando ci salutiamo lo facciamo con affetto sincero.

Guardo Elisa salire in auto e torno da Edoardo.

«Com'è andata?» mi chiede.

«È stato strano.»

«Ti ha fatto effetto?»

«Mentirei se ti dicessi di no…»

«Andrea, ti prego…»

Sorrido. «Mi è venuta ancora più voglia di Irene, però.»

Edoardo mi abbraccia. Credo non lo facesse dalle elementari, ma sono felice.

Avevo paura di parlare con Elisa, perché ci sono persone che, a prescindere da tutto il resto, avranno sempre un posto speciale in un angolo di noi.

L'affetto resta, ma qualche volta certe separazioni sono inevitabili, scritte nel destino.

Vale la pena di soffrire, per gli addii, perché ci sono dolori che fanno bene. Ma non tornate mai indietro sui vostri passi, perché la vita è troppo breve per perdere tempo a tornare indietro.

Dopo cena vado con Francesca e Laura da Winny.

Edoardo invece è rimasto a casa a guardare un film.

È una serata strana, fatta di sorrisi plastici e di birre disinteressate. Mi dispiace non riuscire a essere di compagnia, ma non riesco proprio a fare finta che non sia successo niente.

Ci salutiamo che non è nemmeno mezzanotte e mi viene voglia di passeggiare, nonostante un'aria fredda che mi spettina i capelli e la spina dorsale. Nell'aria l'odore della notte si mescola al profumo delle foglie accartocciate sui marciapiedi, a decorare l'autunno.

Senza rendermene conto discendo le sponde del lago fino a specchiarmi nell'acqua, che mi rimanda il riflesso di un viso stanco e di un cielo stellato che sembra aver perso tutta la sua magia.

È tutto silenzioso: i fili d'erba, la sabbia, gli alberi, le nuvole, il tempo.

Proseguo per un centinaio di metri, fino alla panchina dove ho conosciuto Irene. Per un attimo mi scoppia nello stomaco la speranza di trovarla ancora seduta lì a leggere un libro e scoprire che in realtà tutto deve ancora iniziare.

Ma non è così.

Allora mi siedo, getto la testa all'indietro e lascio andare un lungo sospiro, che per un attimo mi libera i polmoni. L'aria gelida mi pizzica la pelle. Non vedo Irene da qualche giorno, ma mi sembra già passata un'era.

Mi pare di tornare indietro di qualche mese, quando ci siamo dati qui il nostro appuntamento "allora o mai più", e mi sembra ancora di vederla arrivare con quel sorriso a disegnarle gli occhi.

Ho quasi la sensazione di essermi inventato tutto. Forse Irene non c'è mai stata veramente, forse è stato solo un frutto della mia immaginazione. Non c'è nulla che possa dimostrarmi che è accaduto tutto davvero.

Mi passo le mani sul volto per svegliarmi da questa follia.

«Ciao.»

È una voce che riconoscerei fra mille.

Mi volto di scatto e la vedo.

Eccola, Irene. Esiste davvero. Indossa un maglioncino grigio, un paio di jeans attillati e una maschera che non riesco a decifrare.

«Ciao» le dico, con il cuore in gola.

«Speravo di trovarti qui» dice in un sussurro.

Io mi limito a sorridere e a guardare oltre la sua spalla. Non sono pronto per sostenere il suo sguardo.

«Scusami se ti ho disturbato, forse non è il momento» continua.

«È sempre il momento di te.»

20

È fatto di tutto, l'amore

Irene è tornata all'improvviso, così come era andata via.

Ci guardiamo e con quegli occhi grandi mi restituisce tutti i giorni che ho trascorso senza di lei.

Ho voglia di chiederle tutto, ma mi accorgo di averle perse, le parole, inghiottite da quel burrone che mi si è spalancato nello stomaco al suo «ciao».

Il fatto che se ne fosse andata era diventato una certezza e invece adesso, guardando il suo profilo, le sue mani che si muovono veloci, le sue labbra mordicchiarsi, di certezze non ne ho più.

Resterà?

Oppure è tornata per andare via di nuovo?

«Scusami...» esordisce, con gli occhi bassi.

C'è solo mezzo metro fra di noi, ma sembra non finire mai.

Vorrei abbracciarla, o allungare una mano per sfiorare la sua, o prenderle il viso fra le mani e baciarlo per sentire sulla pelle che ho immaginato tutto e che tra di noi non è cambiato niente.

Invece rimango immobile con le braccia distese lungo i fianchi.

«Andrea, scusami. Non guardarmi così, ti prego. È già abbastanza difficile. Vorrei dirti così tante cose che mi fa male la testa. Mi sono anche preparata un discorso prima di venire qui, è solo che adesso non me lo ricordo più.»

Continuo a fissarla. Sono talmente confuso che non riesco a pensare a niente.

«Non so da dove iniziare, Andrea...»

«Puoi cominciare dall'inizio» riesco a dire finalmente.

«Non è così semplice...»

«Sei tu che sei andata via.»

«Lo so.»

«Pensavo fossi innamorata di me.»

«Lo sono, Andrea.»

«E allora perché sei sparita?»

Irene abbassa gli occhi e rimane zitta. È un silenzio assordante.

«Sai cosa, Irene? Magari tu sei quella che scappa. Poi magari scappi solo perché le cose belle fanno sempre paura, e lo capisco. Io non sono così, però.»

«E come sei?»

«Io resto, a prescindere da tutto.»

«A volte non puoi decidere tu...»

«Che cosa vuol dire?»

«Ci sono scelte che non dipendono da noi.»

«Tutto dipende da ciò che vogliamo.»

«Non è così. A volte accade qualcosa che non avevi previsto e scopri che il mondo che conoscevi non esiste più.»

«Dove sei stata? Ti ho cercato dappertutto.»

«Sono stata via...»

«Potevi avvertirmi. Hai detto di amarmi...»

«Sono andata via all'improvviso, scusami.»

«Hai avuto paura?»

«Di che cosa?»

«Di quello che stavamo diventando?»

«Anche se ne avessi, la paura non basterebbe ad allontanarmi da te...»

«Che cos'è stato, allora?»

«Non ha importanza...»

Adesso sento la rabbia montarmi dentro. «Come sarebbe a dire che non ha importanza? Cosa ti sta succedendo, Irene? Sono il tuo ragazzo e tu sei scappata. Ho il diritto di sapere il perché. Non credi? Forse ho sbagliato qualcosa, ma posso rimediare...»

«Non è colpa tua, Andrea. Sono io. È che non sto bene, e non voglio incasinarti la vita.»

«Cosa significa che non stai bene? E poi tu non hai mai incasinato nulla.»

«Però d'ora in poi lo farei.»

«Come fai a saperlo?»

«Lo so e basta.»

«No. Non è vero.»

«Sì, invece.»

«Irene, no. Non è così. Non funziona così. Non possiamo stare fermi a guardare la vita che passa e rimpiangere il fatto che non sia perfetta. E se devo proprio dirla tutta, non la vorrei nemmeno, una vita perfetta. È così che si diventa infelici, scordandosi della meraviglia delle piccole cose per cercare stupori più grandi. Quando mi guardo attorno vedo un oceano di persone che hanno lasciato da qualche parte il sorriso e non hanno la voglia di andare a cercarlo. Lo ritrovano a sprazzi quando si alzano con il sole, quando si regalano una giornata di vacanza dal lavoro, quando un desiderio si avvera senza che abbiano fatto poi tanto per realizzarlo. Ma questo destino non fa per me, Irene. Nemmeno in amore. Perché l'amore non è mica facile.»

«Sì invece, l'amore dovrebbe esserlo...»

«No, non l'amore vero, intendo. Gli amori sono fatti di tutto: di baci, di urla, di schiaffi, di parolacce, di odio, di fughe, di partenze. Gli amori sono fatti di gioia, di noia, di lacrime, di rivincite, di attimi di sconforto e di un sacco di altre cose che non finirei mai di elencare. E allora sai cosa penso? Che se due persone vogliono stare insieme il modo di farlo lo trovano. Anche se ci si ama, non mancheranno mai i momenti di difficoltà, poi però passano e il cuore torna leggero.»

Credo di averla scossa, con quelle parole lì, perché

hanno cominciato a tremarle le mani e anche le labbra. «Mi uccidi, così» mi ha detto.

Allora ho fatto per avvicinarmi, ma lei si è scansata.

«Non andare via, Irene.» Adesso però la mia voce non è più sicura come poco fa. «Non andare via, se anche tu mi ami come ti amo io. Ti prego, dimmelo. Resti?»

«Non posso.»

«Sì che puoi...»

«No, invece. Andrea...»

«Sì?»

«Non hai capito. Non è che non sto bene con te. Non sto bene e basta.»

«Che cosa vuol dire?»

«Vuol dire che sono malata, Andrea. Ho il cancro.»

21

Avrai

I dolori si possono dimenticare. Anzi, forse il segreto è cercare di scordarli subito, perché se ti restano dentro troppo tempo poi va a finire che non li dimentichi più.

Ci mette sempre un po' a guarire, il cuore.

In fondo la vita è fatta di scelte. Scelte di tutti i tipi: giuste, sbagliate, frettolose, inaspettate, rubate, indesiderate. Scelte da cui deriva la felicità nello spazio di un caffè, altre che durano tutta la vita. Ognuno di noi desidera guardarsi indietro e dirsi di aver fatto tutto alla perfezione, di aver imboccato sempre la strada giusta in quell'oceano di incroci che la vita ci ha messo davanti; guardarsi indietro e constatare che il puzzle è completo, ogni pezzo al suo posto.

Poi però capita qualcosa che non dipende da noi e scopriamo che alcune sofferenze sono inevitabili, e che l'unica cosa che possiamo scegliere è chi vale le nostre lacrime. Che, alla fine, significa scegliere per chi vale la pena soffrire.

Quando Irene mi rivela la verità si spengono le stelle nel cielo, e anche molte delle mie sicurezze.

Succede tutto un caos, nella mia testa, e a un tratto mi è chiaro che la vita può sempre rimescolare le carte decidendo al posto nostro. Sento un rumore sordo, come se si fosse rotto il mondo.

La immagino, Irene. La immagino giovane e sdraiata su un letto d'ospedale. La immagino magra e senza capelli. La immagino stanca e con la voce debole.

«Non può essere» dico.

Irene fa un sospiro e si asciuga gli occhi con le maniche del maglione.

«Mi dispiace, Andrea. Avrei voluto non dirtelo mai.»

Rimango zitto perché non riesco più a parlare.

«Sono stata all'ospedale, in questi giorni. È successo tutto quando ci siamo salutati. Mi sono addormentata, poi di notte mi sono svegliata per la sete, così sono andata in cucina a bere un bicchiere d'acqua e mi sono sentita male. Ho perso l'equilibrio e tutto è diventato nero. Mamma mi ha sentita cadere per terra ed è corsa ad aiutarmi. Quando mi sono svegliata avevo perso conoscenza da qualche minuto, così mi ha portata al pronto soccorso. I dottori si sono mostrati subito preoccupati e hanno deciso di fare degli accertamenti. Il risultato te l'ho già detto. Questo è quanto.»

Allora le chiedo quello che più di tutto ho paura di domandare.

«E dov'è?»

Il mento di Irene trema un po' mentre alza un braccio e con l'indice mi indica la testa.

Non pensavo che un dito potesse fare tanto male.

Mi piacciono tante cose, di Irene, ma è la testa quella che mi squaderna e il pensiero che dentro possa esserci un mostro che vuole sfidare tanta bellezza mi procura un dolore incredibile.

«Irene» riesco a dire mentre lotto contro le lacrime. Le accarezzo la guancia. «Non so quanto possa valere per te adesso, ma non costringermi a voltarti le spalle, perché non lo farò.»

Lei stringe i pugni e gli occhi le diventano lucidi. «Non posso chiederti di restare.»

«Non me lo stai chiedendo.»

«È una decisione che dobbiamo prendere insieme. Non sarò più la persona che conosci. Mi vedresti dimagrita e senza capelli, e non voglio che succeda. Voglio che mi ricordi bella come ora.»

«Sei tu, Irene, sempre tu.»

«Sarebbe difficile, Andrea. E io non ho bisogno di te per affrontare questa cosa.»

«Sì invece.»

«No.»

«Sì.»

Stringe i denti. «È tutto sbagliato. Guardaci, siamo

giovani e belli. In un mondo giusto non dovremmo essere costretti ad affrontare una situazione così.»

«Allora adesso chiudi gli occhi e prova a immaginare un mondo diverso da questo, va bene? Un mondo in cui tutto è perfetto, così come lo desideriamo; un mondo in cui non esistono gli imprevisti e in cui il problema più grave è quello di decidere cosa andare a vedere al cinema il sabato sera; in cui stai bene e in cui questa conversazione non ha motivo di esserci. Ecco, io non lo voglio, quel mondo lì. Io voglio noi. Adesso. Così.»

La guardo e mi sembra proprio di vederlo, tutto il caos che ha dentro. E anche la corazza che le serve per nasconderlo.

«Non riesco a crederci, mi dispiace» dice solo questo.

Io sospiro. «Allora facciamo così, facciamo che ricominciamo dall'inizio. Ti va? Facciamo che non ti ho mai incontrata su quella panchina a leggere un libro. Facciamo che tu non hai mai alzato lo sguardo da quelle pagine e che non me l'hai mai chiesto, perché stessi fermo a fissarti. Facciamo anche che io non ti abbia trovata interessante e che la tua voce non mi abbia mai rapito. Possiamo farlo, no? Dimenticati dei nostri giochi, del nostro nasconderci fra le righe di un romanzo, del nostro nascondiglio nel bosco, dove nessuno poteva trovarci se non la luce delle stelle. Non ci sono mai state confidenze fra di noi, niente mani intrecciate, niente baci. Non l'hai mai conosciuta, la mia vita, e io non so nulla della tua: non so chi sei, da dove vieni, perché sei qui. Facciamo che non ci siamo mai incastrati, perché quel giorno io ero uno sbruffone annoiato e tu un'insopportabile secchiona. Cancella dalla testa i miei amici, i tasti del pianoforte che hai toccato, le nostre serate al cinema e tutte quelle volte che abbiamo sentito il desiderio di abbracciarci solo perché avevamo necessità di appartenerci. Facciamo che non ci siamo mai innamorati e che adesso questo ragazzo che ti sta parlando è solo uno sconosciuto che hai incontrato per strada un giorno qualunque e a cui non hai nemmeno fatto tanto caso. Va bene? Facciamo così. Ricominciamo dall'inizio, ricominciamo da adesso.»

Irene ha gli occhi sgranati.

«Non cambierebbe niente. Se anche ti conoscessi ora, tutto andrebbe nello stesso modo.»

«Perché dici così?»

«Perché io non sono mai stata sicura di niente, Andrea, però fin da subito sono stata sicura di te. Tu non lo sai, ma qualche ora prima di incontrarti sono scoppiata a piangere davanti alla mamma e le ho detto: "Va tutto male". Poi ci siamo conosciuti e il giorno dopo le ho detto: "Va tutto bene". È incredibile, no? Molto spesso il confine fra quel "tutto bene" e quel "tutto male" è solo in un incontro. Sei stato tu, il mio confine.»

Al posto del cuore sento un tamburo.

«Adesso siamo qui, Andrea. Non possiamo fare quello che hai detto, non possiamo tornare indietro.»

«Non lo so. Non sono mai stato bravo in queste cose. Non lo so se si può tornare indietro oppure no. Magari hai ragione tu, magari ci siamo spinti troppo lontano. Però, se non possiamo fingere che questo sia un inizio, forse possiamo evitare che sia una fine.»

«Sarà inevitabile la fine, un giorno.»

«Finisce tutto.»

«Allora possiamo finire anche noi due.»

«No, noi due no.»

«Perché?»

«Ci sono storie che non finiscono mai per davvero.»

Irene mi guarda e per la prima volta mi sembra di vedere una crepa nella corazza che si è messa addosso.

«Però una cosa te la devo dire, Irene. Non voglio essere il rifugio in cui torni perché sei stata bene. Voglio essere la meta che scegli ogni giorno.»

A quelle parole lei fa una smorfia e gli occhi le diventano lucidi.

«Ho tanta paura, Andrea. Ho paura di dimenticarmi com'è essere felice.»

«Lo sarai ancora.»

«No invece...»

«Ti dico che è così.»

«Andrea, ci sono cose che non possiamo scegliere noi.»

«Ma abbiamo la possibilità di scegliere come affrontarle.»

«Non è facile.»

«Non ho detto questo, ma non costa niente pensare che possa ancora accadere qualcosa di bello.»

«Vorrei tanto che non fossi uno scrittore, lo sai?»

«Perché?»

«Perché le tue parole mi disordinano i pensieri.»

«Irene, te lo voglio dire di nuovo. Sarai ancora felice...»

«Dimmi in che modo, perché io non riesco più a immaginarlo.»

Ci ho pensato un momento. «Sarai felice perché avrai una valigia malconcia in cui custodire tutti i tuoi desideri. Avrai mattine lattiginose, negli occhi la luce chiara della luna. Avrai lunghe notti per sentirti viva e tramonti da ammirare. Avrai piedi nudi nella sabbia, le urla di un neonato, le palpebre che si vogliono chiudere, le passeggiate per accompagnarlo a scuola, baci sinceri.»

Irene mi guarda stupefatta. «E poi?»

«E poi avrai un "mamma", appena sussurrato ma con il potere di farti sentire un trampolino nella pancia. Avrai anche momenti bui, bolle da far scoppiare nel petto, mani da stringere per sentirti solo un po' più forte. Avrai litigi da disinnescare e foglie da accarezzare, serate davanti al fuoco; serate per leggere un libro. Avrai album di fotografie colmi di sorrisi da ricordare, alberi di Natale per illuminare coriandoli di casa, avrai viaggi, cene e weekend fuori porta, odori da annusare. Avrai un entusiasmo contagioso, angeli nella neve, tempo per ricordare e futuro in cui sperare. Avrai treni da prendere al volo, canzoni da ascoltare prima di dormire e "ti amo" da bisbigliare tra le lenzuola. Avrai nipotini a cui fare i biscotti, un bastone per camminare e spalle su cui appoggiarti quando sarai stanca. Avrai la vita di tutti: fatta di gioie, dolori, batticuori e mani scaldate da tazze di caffè.»

«Non lo puoi sapere, se avrò tutto questo.»

«Forse hai ragione, ma nessuno potrà mai impedirti di crederci.»

Gli occhi di Irene si riempiono di lacrime. Ma non sono lacrime di dolore. Non queste, almeno. Penso più che altro che siano lacrime di rabbia.

«Non me l'aspettavo, che succedesse questo.» Lo dice con i pugni chiusi e le nocche bianche. «Perché alla nostra età non ci pensi a queste cose, che cazzo! Sono passati cinque giorni e non ho nemmeno il diritto di essere triste che mamma già mi dice che sono depressa. Non sono depressa, sono disperata, semmai. Perché quando ti alzi al mattino, ti lavi, fai colazione e ti ricordi di quello che è successo, la parola giusta è disperazione. Mica pensavo di morire, prima.»

Rimango zitto ad ascoltarla. Mi sembra tutto troppo surreale e la voce di Irene pare giungere da lontano.

«E poi sai cosa?» continua.

«Cosa?»

«Non mi sento nemmeno libera di dirlo, che sono disperata. Perché mi sembra di piangermi addosso e quelli che si piangono addosso stanno sempre un pochino sul cazzo. E io non voglio stare sul cazzo a nessuno. Ho vent'anni e ho un cancro dentro la testa. Non ti viene mai in mente che possa succederti una cosa simile. Poi invece scopri che il cancro è di tutti, proprio come i sogni, e che quindi può venire anche a te. E tutti a dire che però devi essere felice lo stesso. Felice? Ma vaffanculo.»

Mi sento piccolo di fronte alla sua rabbia, perché ha ragione. Sono qui a dirle che andrà tutto bene, ma in certi momenti forse non serve una parola di conforto, ma solo smezzare il dolore con qualcuno.

«Scusami» le dico allora.

«Per cosa?»

«Per non aver capito.»

Non c'è bisogno che le spieghi a cosa mi riferisco, perché Irene già lo sa. Le spunta un leggero sorriso, che sembra sincero.

Le prendo la mano.

«Andrea, ho bisogno di stare un po' da sola adesso, scusami.»

Il tono di voce con cui lo dice me la fa sentire di nuovo lontana.

Mi rivolge un sorriso stiracchiato e senza dire più nulla si volta e sparisce in quel buio che poco prima me l'aveva restituita.

Ho la tentazione di seguirla e di non farla andare via, ma non trovo la forza per farlo.

Rimango lì, immobile, con lo sguardo a fissare il vuoto, e sento le lacrime salirmi silenziose agli occhi.

Mi dirigo verso casa, sprofondato in un mondo ovattato; salgo le scale, apro la porta, vado in camera mia e scivolo sotto le coperte.

Mi addormento senza nemmeno rendermene conto e quando mi sveglio mi stupisco che il mondo esista ancora.

Non dico niente a nessuno: né a mamma né a papà, e nemmeno ai miei amici.

Non me la sento di condividere il mio dolore e quello di Irene con qualcuno. E poi non so se Irene vuole che qualcun altro lo sappia.

Trascorro la giornata a leggere un libro senza leggerlo davvero, a mangiucchiare biscotti per ammazzare il tempo e a resistere alla tentazione di fissare il muro per non essere costretto a odiare Max per la sua assenza.

Dopo cena mi sdraio a letto con le mani dietro la testa.

Qualcuno suona alla porta di casa e mamma va ad aprire. Non esco in soggiorno perché non ho voglia di vedere nessuno. E poi tanto saranno amici di papà.

Poi però la porta della mia stanza si apre.

«Andrea, hai visite» mi dice mamma.

Mi alzo sui gomiti giusto in tempo per vederla voltarsi e lasciare il posto al viso di Irene, che buca la penombra.

«Ciao» mi dice, richiudendosi la porta alle spalle.

Le sorrido. «Ciao.»

Irene si siede sul bordo del materasso.

«Scusami, so che scelgo sempre gli orari più strani. È solo che la sera penso meglio.»

«Come mai sei venuta?»

«Volevo dirti un sacco di cose, Andrea. Te li ricordi i nostri litigi? Ecco, ti volevo dire proprio delle nostre litigate, di quei pomeriggi in cui ho finito le lacrime, quando ti vedevo sbattere la porta e mi saliva la paura che non la riaprissi più; ti volevo dire di quanto possono ferirmi le tue parole. Tu hai il potere di distruggermi solo arricciando un labbro. Ti volevo dire dei tuoi difetti, dei tuoi silenzi quando ti chiedo spiegazioni, del tuo essere così indipendente quando io, invece, ho tanto bisogno di te. Ma tu mi passi una mano fra i capelli e mi dici che l'amore non ha bisogno di parole. E quindi ho deciso di dirti che sì, ho mille motivi per andare via. Poi però ho te, il motivo per cui rimango sempre. Forse hai ragione, sai? Non serve a niente pensare al "per sempre" se ci si dimentica degli attimi.»

22

Hai il cielo negli occhi

«Hai il cielo negli occhi.»

L'ho svegliata così.

Si è addormentata sul mio petto e io l'ho guardata dormire tutta la notte.

Mi fissa con quel suo sguardo stropicciato.

Ho imparato che il futuro non è poi così tanto importante. Io non lo so se Irene guarirà. Ma pensarlo non mi costa nulla.

Perché devo impedirmi di immaginarci qui, fra dieci anni, su questo letto, con le mani scaldate da una tazza di caffè, a ridere di tutto quello che adesso ci vuole allontanare?

«Che ora è?» mi chiede.

«Sono le nove del mattino.»

Fa un balzo. «Oddio, mamma si sarà preoccupata!»

«L'ho già avvertita io. Dormivi così serenamente che mi dispiaceva svegliarti.»

Irene sorride e nasconde il viso contro il mio petto, un gesto che mi riempie ogni buco del cuore.

«Non voglio tornare a casa» mi dice.

«Rimani, allora.»

«Okay.»

Mi accarezza il viso e mi dà un bacio leggero, uno di quei baci che ti sfiorano le labbra ma anche un po' l'anima.

La guardo e mi viene da pensare che è bellissima. Sempre.

Di sera, con le scarpe con i tacchi, il rossetto e un vestito attillato. È bellissima di pomeriggio, quando, seduta a gambe incrociate sul divano, con un libro in mano e gli occhiali, mordicchia pensierosa una penna. È bellissima quando torna a casa dopo una giornata intera, con i capelli un po' scompigliati e il viso stanco. È bellissima quando guarda la televisione mentre sorseggia un tè e, magari, mangiucchia dei biscotti al cioccolato. È bellissima mentre passeggia per la città, quando parla con qualcuno, quando saluta un'amica. È bellissima quando, mentre corre, si sistema la maglietta, che lascia intravedere la spalla.

Ma soprattutto Irene è bella al mattino.

Quando i primi raggi di sole filtrano fra le nostre ciglia ancora chiuse, quando, aprendo gli occhi, scopro che lei è la prima immagine della mia giornata, quando, con una smorfia, si stiracchia sotto le coperte. La guardo, l'espressione leggermente imbronciata, e mi viene voglia di stropicciarla ancora di più.

Mi piace un sacco quando sbuffa, abbraccia il cuscino e, assonnata, mi sbircia sorridendo. In quei momenti ho come l'impressione di scorgere la sua parte più nascosta, quella che preferisco.

Allora la abbraccio e la tengo stretta. Al mattino forse si è sempre un po' più dolci. È diverso fare l'amore la sera o farlo la mattina. Di sera è tutto un po' più spinto, più impetuoso.

Gli abbracci più belli si danno al mattino.

È al mattino che si fa l'amore per davvero.

Siamo seduti a fare colazione, quando Irene mi dice una cosa che non capisco.

«Comunque è un glioblastoma.»

Rimango con il cucchiaio a mezz'aria: «Chi?»

«Come chi?»

«Chi è un glio… quella cosa che hai detto?»

Ride. «Un glioblastoma? La cosa che ho nella testa, è così che si chiama. Suona male, vero? Non mi piace come parola, "glioblastoma".»

A me in realtà non dispiace. Anzi, mi tranquillizza che abbia un nome così, mi sembra tutto un po' più facile.

Non glielo dico, però.

«Be', e cosa diavolo significa glioblastoma?»

Irene allora mi elenca un sacco di parole strane, che hanno sembianze di termini scientifici e io non ci capisco niente e questo, invece, mi fa paura.

Vedo le sue mani gesticolare e le sue labbra muoversi e mi viene da piangere.

Ho capito solo che questa cosa sta dentro il cervello di Irene e che vorrei tanto stesse da un'altra parte.

«Per fortuna è nell'emisfero parietale» mi dice.

«Proprio una fortuna» rispondo ironico.

Irene sorride ancora. Sembra serena, oggi. «Stupido. È un bene perché...»

E lì ha snocciolato di nuovo un sacco di parole senza senso.

«Non ho capito niente» le dico, onesto.

«Vuol dire che non diventerò scema, perché si trova in una zona del cervello che non altera i comportamenti. È una bella cosa, secondo me. Non l'avrei sopportato, di diventare scema. Non più di quanto già non mi ci senta, almeno.»

Adesso sono io a sorridere.

«Che cosa volete fare oggi?» domando.

«Volete?»

«Sì, tu e il glioblastoma. Visto che dobbiamo conviverci, tanto vale che ci portiamo dietro anche lui, magari diventiamo amici e scopriamo che non è poi così cattivo come sembra.»

«Dice che non ha voglia di fare nulla» mi risponde lei, con gli occhi che sorridono.

«E tu invece?»

«Io vorrei stare in due posti contemporaneamente. La nostra lista, ricordi?»

«Certo che mi ricordo. Hai scelto un desiderio difficile però, lo sai?»

«Che sogno è, se è facile da realizzare?»

«È vero, però io non so proprio da dove cominciare...»

«Allora accontentiamo il glioblastoma.»

«Sono d'accordo.»

«Ma...»

«Ma?»

«Vorrei incontrare gli altri, se ti va. Sono sparita e un po' me ne vergogno. Francesca mi ha sommersa di messaggi...»

«Era preoccupata.»

«Lo so.»

«Allora li chiamo subito.»

Ho mandato un messaggio uguale a tutti: "È tornata Irene. È qui da me".

Dopo dieci minuti, sento il campanello di casa suonare. Sono arrivati subito.

«Dove eri finita?» le chiede Francesca, dopo gli abbracci di rito.

Irene alza le spalle. «Facciamo una passeggiata?»

Riesco a intercettare lo sguardo di Francesca e a farle cenno di accettare.

Non lo so se Irene ha voglia di raccontare tutto oppure se inventerà una scusa. A dire la verità, non m'importa proprio. Non posso essere io a dirle come affrontare questa cosa.

Facciamo una passeggiata in paese e poi ci sediamo a gambe incrociate sul prato dietro la chiesa.

L'erba è incolta e ci arriva fino alla vita.

«Devo dirvi una cosa...» dice a un certo punto Irene.

La vedo cercare i miei occhi e annuisco per darle coraggio.

«Intanto volevo chiedervi scusa per essere sparita così.»

«Non scusarti, raccontaci come mai, piuttosto...» la incoraggia Edo.

«Ecco, è proprio questo il punto. Allora...» esordisce. E poi inizia a parlare come un fiume in piena.

«Vi chiedo una cosa adesso, però.»

Le facce dei miei amici sono incredule. Nessuno apre bocca.

«Non dite niente, vi prego. Facciamo qualcosa, portatemi da qualche parte, quello che volete, ma non dite niente. Non le voglio sentire, le solite banalità che si dicono in questi casi. Non da voi, almeno.»

Alle sue parole segue un istante di silenzio.

«Sei mai andata a cavallo?» le chiede Laura, d'un tratto.

«Mai.»

«Ci vuoi venire?»

«Mi piacerebbe tantissimo, ma quando?»

«Adesso.»

È un pomeriggio bello e diverso, pieno di sorrisi sinceri. Il cavallo di Irene si chiama Matador ma lei lo chiama Fufi e quindi lui non l'ascolta e la porta sempre fuori strada. Siamo dovuti andare a recuperarla nel bosco perché urlava: «Aiuto, aiuto!».

Laura e Edoardo sono bravissimi, Francesca invece passa il pomeriggio a lamentarsi perché il suo cavallo è troppo alto, troppo grasso, troppo brutto, e puzza troppo.

Dice che ha lo stesso odore di Edo.

Io invece sostengo che a me ricorda il suo.

Più tardi andiamo tutti insieme a mangiare la pizza. Irene ha ancora le foglie degli alberi tra i capelli.

«Mai più!» esclama. «Non lo farò mai più!»

Ridiamo tutti. Anche lei.

Edoardo ci racconta una storia, ma Irene è l'unica ad ascoltarlo. Laura e io invece litighiamo perché lei vorrebbe assaggiare un pezzo della mia pizza e io non voglio darglielo.

Sbircio Irene: si sta annoiando, ma si sforza di non darlo a vedere.

Dopo cena Laura, Edo e Francesca decidono di andare da Winny, ma Irene è stanca, così l'accompagno a casa.

«Grazie» mi dice, fuori dalla porta.

«E per che cosa?»

«Per essere così...»

Mi viene voglia di chiederle che cosa volesse dire, ma forse il suo è un semplice "ti amo".

«Mi piace stare con te. Così tanto che qualche volta vorrei starci sempre.»

Non è stato un giorno perfetto, ma non avevamo bisogno della perfezione per essere felici.

Dopo essere salito da Irene, per salutare Sabrina e per darle un abbraccio, sono rientrato a casa e ho raccontato tutto a mamma e papà.

Prima di dormire, poi, ho chiamato Max e ho parlato con lui.

Delle cose belle.

Delle cose brutte.

E di tutto il resto.

23

Che sogno è, se è facile da realizzare?

All'inizio è stato difficile prendere coscienza che qualcosa non andava più per il verso giusto.

Irene è sempre la stessa: frizzante, sorridente, contagiosa.

Sono stati i dettagli, giorno dopo giorno, a dirmi che, anche se all'apparenza la vita continuava ad andare avanti come sempre, il mondo stava già iniziando a pensarsi senza di lei.

Il suo posto in corriera è spesso vuoto, adesso, e il suo banco all'università troppo ordinato.

In un posto piccolo come Nosellari i segreti non esistono e basta il minimo cambiamento perché la gente inizi a farsi delle domande. E così comincia a insinuarsi fra le chiacchiere di paese la storia di questa ragazza sfortunata. L'unico a cui sembra che non importi niente è Bruno, ma poi vallo a capire che cosa gli passa per la testa.

Irene è travolta da abbracci e pacche sulle spalle, ma anche da sguardi incoraggianti, messaggi importanti e visite inaspettate.

Non è vero che di fronte alla morte diventiamo tutti simpatici, però di sicuro diventiamo tutti uguali.

Un paio di settimane dopo il suo ritorno, decido di portare Irene a Trento a bere una cioccolata calda e con la nebbia e il freddo di inizio novembre l'unica cosa che si scorge tra la sciarpa e il cappello sono i suoi occhi.

«Hai visto quanto affetto hai intorno?» le domando.

«In effetti pensavo che solamente le ragazze in mutande potessero aspirare a tanto. Invece no. Il mio tumore fa più audience dei culi allo specchio.»

Rido. «Non ti fa piacere?»

«Certo che mi fa piacere. E sai perché? Perché quando ci si ammala ci si sente soli, e quando ci si sente soli si cerca compagnia.»

«Ti senti sola?»

«Mi sento amata, ma non c'è qualcuno che può combattere questa cosa al posto mio.»

Vuole parlare, e io sono qui apposta per ascoltarla.

«Intanto devo dirvi grazie, perché mi fate sentire tutti libera di confidarmi, quando ne ho voglia. La notizia di avere il cancro è così travolgente che finisci per dimenticarti di com'eri prima di ammalarti. Io la chiamo perdita del senso della vita, perché questo male si porta dietro la paura del futuro. Però ho scoperto che parlare con voi mi aiuta a togliere carica esplosiva a tutti i pensieri che ho nella testa. La psicologa con cui ho avuto un incontro l'ha chiamata "decatastrofizzazione". Io però questa parola faccio fatica a dirla. Secondo me, invece, quando sto con voi ritrovo un senso, perché magari posso essere utile a qualcuno.»

«Vorrei chiederti una cosa.»

«Dimmi...»

«Che cos'hai pensato quando te l'hanno detto?»

«Ho guardato le montagne fuori dalla finestra, e la strada, e i prati, e il cielo azzurro e i bambini per strada. E ho pensato a te, a mamma, ai nostri amici. E la prima cosa che mi è venuta in mente è stata: "Chissà per quanto ancora li vedrò". E mi sono immaginata pelata, e poi morta.»

«Scusami» rispondo.

«Non devi scusarti, ma è normale che succeda, lì per lì. Poi torni a casa e piano piano cerchi di razionalizzare. È sempre così: scopriamo di amare le cose quando non le abbiamo più. Succede con il sole quando piove, con l'amore quando fugge e anche con il tempo quando ci dicono che quello a nostra disposizione sta finendo. Può sembrare stupido, magari, ma poi succede che a farti soffrire è più il dolore degli altri che il tuo. Sono le facce delle persone che ami che ti fanno scoppiare una bomba atomica nella pancia. Il cuore invece segue il ritmo del giorno e della notte. Con la luce ti senti così forte che avere un tumore pare uno scherzo, tanto mica può vincere lui. Al buio, invece, ti senti già sconfitto.»

«Guarirai» le dico, sicuro.

Irene sorride. «Comunque la cosa che più non sopporto è l'attesa.»

«L'attesa?»

«Sì. Aspettare i risultati della TAC che arriveranno fra quindici giorni. Quindici giorni in cui può avanzare indisturbato. Questa cosa mi fa andare fuori di testa. A me le attese fanno schifo.»

«Hai paura?»

«È normale. Non dico che l'idea di morire mi tormenti: ma è come se si fossero formate delle valli e miei pensieri, in qualche modo, finiscono sempre lì. Non voglio morire, ma in alcuni momenti mi viene da pensare che succederà. Allora immagino di prendere una bilancia e pesare tutto quello che sto vivendo: le cose brutte e le cose belle. E mi accorgo che le cose brutte sono molte di più, ma le cose belle valgono il doppio, perché ci sei tu.»

Irene è rilassata, parla di tutto questo con una naturalezza disarmante.

«Voglio chiederti io una cosa, ora» mi dice.

«Dimmi...»

«Mi racconti qualcosa che non hai mai detto a nessuno?»

«Oddio, dovrei pensarci...»

«Prenditi il tempo che ti serve. Però dev'essere un segreto. Altrimenti non vale.»

«Uno ce l'avrei, però non mi devi prendere in giro. Promesso?»

«Promesso.»

«Guarda che è una cosa disgustosa.»

«Sentiamo...»

«Allora, l'anno scorso sono andato in vacanza con Edo e Max.»

«Ma che segreto è?»

«Aspetta, non ho finito. Insomma, siamo andati in Egitto, abbiamo fatto un'escursione con i quad nel deserto e a pranzo ho accettato una bottiglietta d'acqua da un beduino.»

«Pensavo che i beduini bevessero solo il tè.»

«No, bevono anche l'acqua. Comunque, non so se lo sai, ma in Egitto bisogna stare attenti a bere acqua, perché fa venire lo stomaco ballerino.»

«Vuoi dire che fa venire la cacarella...»

«Irene!»

«Dài, Andrea, "lo stomaco ballerino", ma come parli? Fa venire la cacarella, lo sanno tutti.»

«Okay, fa venire la cacarella! Comunque siamo arrivati al deposito dei quad che sudavo freddo e mancava ancora un'ora e mezzo di autobus per tornare in hotel.»

«E come hai fatto?»

«Sono andato dal tizio che gestiva il deposito a chiedergli se potevo andare in bagno, solo che lì nei paraggi un bagno non c'era, l'unica soluzione era andare dietro il deposito e farla nella sabbia.»

«Dài, ma non ci credo!»

«Sul serio!»

«Ma tu non l'hai fatto, spero.»

«A dire la verità ci ho provato, ma c'erano altri tre beduini e mi sono vergognato.»

«Vorrei vedere...»

«Però ho visto una porta e nella disperazione del momento sono entrato.»

«Ma Andrea...»

«Senti, era un'emergenza! Insomma, mi sono trovato in un soggiorno e non c'era nessuno. Volevo cercare il bagno, ma non ce l'avrei mai fatta.»

«E quindi?»

«L'ho fatta lì.»

«Nel soggiorno?»

«Nel soggiorno.»

«Fai veramente schifo.»

«Era un'emergenza!»

«Sì, questo l'hai già detto prima. Resta il fatto che hai fatto la cacca sul pavimento di uno sconosciuto. Ma poi scusa, come ti sei pulito?»

«Ho usato una kefiah.»

«E poi?»

«E poi sono scappato.»

«Non ho parole.» Irene ride senza riuscire a fermarsi.

Mi piace vederla ridere, ma non glielo dico.

«E tu invece?» domando.

«Io cosa?» mi risponde, con le lacrime agli occhi.

«Cos'è che non hai mai raccontato a nessuno?»

«Alle medie ho rubato cinquanta centesimi alla mia compagna di banco perché volevo una merendina.»

«Neanche questo si fa.»

«Lo so, però avevo fame. Mi sono sentita in colpa per tantissimi anni, lo sai?»

«Lo immagino.»

«Dico sul serio. Quando è finita la scuola, non ci siamo più viste perché lei ha scelto un altro liceo. L'anno scorso l'ho incontrata per caso a Torino, era seduta vicino a me al tavolino di un bar in centro. Ho fatto cadere cinquanta centesimi a terra e le ho battuto sulla spalla dicendole che erano suoi. Mi ha ringraziato tanto.»

«L'hai fatto davvero?»

«Te l'ho detto che mi sentivo in colpa.»

«Ma erano cinquanta centesimi!»

«Lo so, solo che lei quel giorno non aveva potuto mangiare la merendina, e aveva pianto un sacco. Mi sono sentita subito meglio quando le ho restituito ciò che era suo.»

«Se Max dovesse dare indietro i soldi a tutte le persone a cui ha rubato le caramelle gli toccherebbe aprire un mutuo.»

«Max ruba le caramelle?»

«Tantissime.»

Quando usciamo dal bar con il sapore del cioccolato ancora sulle labbra decidiamo di fare una passeggiata. Abituati come siamo a Nosellari, camminare in giro per Trento ci sembra come camminare in giro per il mondo.

Irene ha i capelli che rincorrono l'aria, si ferma davanti alle vetrine e divora tutto con gli occhi.

«Ti va di farci un regalo?» mi chiede.

«Cosa intendi con "farci"?»

«Tu fai un regalo a me e io ne faccio uno a te.»

«Mi piace. Che cosa vorresti?»

«È una sorpresa, no? Decidi tu.»

«Va bene, vieni con me.»

La porto in uno dei miei posti preferiti e le regalo un berretto rosso. Mi piace come le sta.

Lei invece mi compra un salvadanaio a forma di ape. Dice che dobbiamo metterci i nostri risparmi per andare al mare.

«Vorrei portarti in un posto» le dico, poi, scostandole i capelli dagli occhi.

«Dove?»

«Ti fidi di me?»

«Mi fido di te.»

«Vieni.»

Poco lontano dalla stazione c'è una funivia che attraversa il fiume e sale su, sulla montagna, dove si nasconde un piccolo borgo, dal quale si può vedere la città dall'alto. È un paesino meraviglioso, un vero tesoro nascosto.

«È bellissimo qui» mi dice Irene, una volta in cima, le braccia appoggiate al parapetto del belvedere. «Fa sentire piccolissimi.»

Le sorrido.

«Ho avuto paura, sai?»

«Quando?»

«Quando ho scoperto che non avevo più modo di impedire a me stessa di innamorarmi di te.»

«Come mai?»

«Te lo ricordi quando mi hai chiesto da dove veniva il mio dolore? Ti ho risposto dicendoti che in passato sono stata tradita.»

«Sì, me lo ricordo.»

«Ecco, non è quando qualcuno ti dice "Non ti amo più" che ti senti annientato, è l'oceano di silenzi che precede quella frase lì, che cambia tutto; un silenzio che a volte dura per mesi. È il suo "Va tutto bene", quando gli chiedi: "Che c'è?", perché lo sai che in realtà non va bene affatto. È quello che ti fa ingoiare tutti i sogni che avevi voglia di realizzare. È una specie di *crac*, un rumore invisibile che senti fra lo stomaco e il cuore quando inizi a capire le sue bugie, ma gli credi lo stesso, in nome dell'amore che però ormai provi solo tu. Non sono i "non ti amo" che ti tolgono il sorriso, ma i "ti amo" di chi però in realtà non ti ama più. E niente, mi ero promessa tantissime cose, quando lui è andato via. Mi ero promessa anche di non innamorarmi più. Poi però sei arrivato tu.»

Sono rimasto zitto.

E lei ha continuato. «Quindi volevo dirti grazie, Andrea. Grazie perché non mi sono mai sentita al posto giusto, invece adesso sì, grazie perché mi hai fatto innamorare quando pensavo che non fosse possibile, e poi grazie perché quando ti stringo la mano mi sento invincibile.»

L'ho abbracciata e ci siamo annusati.

«Non smettere mai di cercarmi, Irene. Quando ne hai bisogno, cercami.»

«Sempre?»

«Sempre. Cercami quando le stelle si spengono in cielo. Cercami, anche senza un perché. Cercami nei piedi nudi, nei respiri affannati, nella luna di notte. Cercami senza paura, senza una destinazione. Cercami nel calore sulla pelle, nei battiti del cuore, nell'asfalto bagnato quando piove. E sappi che mi troverai nelle parole che hai letto e in quelle che non hai mai detto.»

«Ti amo.»

«Ti amo anche io.»

C'è un attimo di silenzio.

«Stare in due posti contemporaneamente» la sento sussurrare, d'un tratto.

«Come?» le chiedo, confuso.

Si illumina. «Mi fai sentire così, tu. Mi fai sentire lì» e indica il cielo sopra di noi «e mi fai sentire qui.» E mentre lo dice mi sfiora il cuore.

24

Li hai realizzati tutti, i miei sogni

In questi giorni ho ripreso l'abitudine di andare in un posto in cui non vado da un po'.

A Lavarone c'è una biblioteca grande come la mia casa sull'albero, ma dentro, invece dell'odore della natura, c'è l'odore della carta, dell'inchiostro, di parole tutte da scoprire.

Quando ero più piccolo, venivo qui e aiutavo Morena, la bibliotecaria, a sistemare i libri, poi se non c'era nessuno lei mi leggeva le storie, e io la guardavo e mi perdevo fra le pagine della sua voce.

In questo periodo, qualche volta, mi capita di avere paura, allora vado in biblioteca: lo sguardo di Morena e i libri che mi guardano dagli scaffali mi calmano.

Allora ne sfilo qualcuno a casaccio, lo apro e mi immergo nella lettura.

I libri mettono ordine nel caos che ho dentro.

Irene non può guarire.

Glielo dice un medico dai folti capelli grigi, una mattina di un giorno qualunque, e lo fa senza troppa delicatezza, mentre tamburella la penna sui referti.

«Le rimangono ancora quattro, cinque mesi al massimo. Mi dispiace» dice, alla fine del suo discorso.

Io non trattengo le lacrime, Irene invece sembra arrabbiata.

«Non si può operare?» Lo guarda fisso negli occhi.

«Purtroppo no, il tumore infiltra le strutture profonde dell'emisfero omolaterale.»

«E che cosa significa?» chiedo.

«Significa che ha già raggiunto le zone vicine ai nuclei della base, all'ipotalamo, e quindi tende a diffondersi all'altro lato.»

«E che cosa significa?» ripeto.

Non l'ho mai sopportato, il modo che hanno i medici per dirti che c'è qualcosa che non va, perché non si capisce mai niente.

«Il suo è un tumore inoperabile per definizione. Purtroppo, ci sono strutture del nostro cervello che non sono resecabili, o che comunque sono molto rischiose da resecare...»

«E come posso curarmi?» chiede Irene, allora.

«Possiamo fare dei cicli di chemioterapia e radioterapia, ma...»

«Ma?» Irene ha le mani appoggiate alle gambe accavallate.

Il dottore sospira. «Il suo è un caso molto particolare. Stiamo parlando di un tumore aggressivo, quindi queste cure non cambieranno il corso della malattia, avranno unicamente uno scopo palliativo.»

«La prego, la smetta di usare parole che non conosciamo...» Questa volta lo dico con una nota di nervosismo nella voce.

«Le cure possono attenuare i sintomi della malattia, ma non agire sulla sua causa. Voglio parlarle con molta franchezza. Non possiamo allungarle la vita, quello che possiamo fare è aiutarla a vivere quel che le resta nel migliore dei modi.»

«Quando possiamo cominciare?» chiede Irene, decisa.

Non c'è tremore nella sua voce.

Il dottore sospira ancora.

«Quando possiamo cominciare?» ripete lei.

Per un attimo ho avuto paura che si alzasse in piedi.

«Fra qualche settimana. Il tempo di preparare tutto» risponde il dottore.

«Va benissimo» risponde Irene.

«Saranno cure molto dure. La faranno star male. Ma lei è una ragazza forte.»

«Sa una cosa?» Irene annuisce, si china a prendere la borsa da terra e si alza per mettersi la giacca.

«Che cosa?»

«Anche le sue parole mi hanno fatta stare male...»

«Mi spiace...»

«No, dispiace a me» dice Irene, chiudendo i pugni.

«La prego di non arrabbiarsi.»

«Arrabbiarmi? Senta, dottore...»

«Mi dica...»

«Non lo dica più a nessuno, che dovrà morire, perché tanto moriremo tutti, no? Allora lasci che le cose vadano come devono andare. Ma soprattutto si tenga per lei quando deve succedere. Non c'è niente di più triste che preannunciare la morte a qualcuno, perché così lo si uccide prima.»

Una volta fuori dall'ospedale, osservo Irene camminare davanti a me con passo spedito e mi viene in mente quando, tanti anni fa, ho trovato papà disteso sul pavimento, e poi quando stava lì su quel letto bianco, con tutti i tubicini dentro il corpo. E poi mi viene in mente anche Lorenzo, il suo «Ti voglio bene» senza risposta e la chiamata di sua madre, che con la voce rotta mi dice che non lo rivedrò più.

Ecco, per un attimo fisso i capelli di Irene saltellare assieme ai suoi passi, e ho paura di non rivederla più.

«In realtà lo sapevo già» mi dice Irene, poco dopo, mentre passeggiamo in paese. «Solo che non so come fare a dirlo a mamma.»

«Come facevi a saperlo?» le chiedo.

«Alcune cose te le senti dentro.»

Non ho detto niente e mi sono concentrato su un punto di fronte a me.

«Solo che non so come fare a dirlo a mamma» ripete Irene.

L'ho guardata e sono rimasto in silenzio. Vorrei poter fare qualcosa per lei.

Passeggiamo per un po' con i piedi nelle foglie. Non abbiamo bisogno di parole, ma solo di sentirci l'uno vicino al cuore dell'altra.

Francesca scrive a Irene a metà pomeriggio, così la raggiungiamo per un caffè al Muretto, una pasticceria affacciata sulle montagne. L'apprezzo tanto, perché non fa domande e quindi non pretende risposte, si limita a offrirci ciò che di più prezioso può regalare un amico: i sorrisi.

Verso sera, quando l'aria si colora di cristallo, salutiamo Francesca e saliamo in auto.

«Vieni con me, voglio portarti in un posto» mi dice Irene, d'un tratto.

«Ce lo siamo detto un sacco di volte, lo sai?»

«Lo so, ed è bello. Vuol dire che abbiamo voglia di condividere.»

«E, sentiamo, stavolta dove mi vuoi portare?»

«È una sorpresa.»

Sopra Lavarone c'è un bosco di alberi alti, e fra gli alberi c'è un sentiero di sassi che porta a una baita e poi, più avanti, a un burrone che dà su un panorama immenso, fatto del verde dei prati e dall'azzurro dei laghi e del cielo.

«Sei mai stato qui?» mi domanda Irene, mentre si

siede per terra con le braccia a penzoloni sullo steccato.

«Un paio di anni fa io e i miei amici abbiamo affittato la baita che abbiamo superato poco fa per festeggiare un compleanno. Ricordo che al mattino siamo venuti qui a vedere l'alba. E tu come l'hai scoperto questo posto?»

«Un giorno che mi è venuta voglia di perdermi.»

«Di perderti?»

«Sì. Mi ero appena trasferita e mi sembrava di scoppiare. Così sono uscita di casa e ho deciso di andare dove mi avrebbero condotto i miei passi. Sono finita qui. A volte basta una piccola coincidenza per scoprire un tesoro.»

Mi siedo di fianco a lei.

Sotto di noi un letto di foglie colorate.

Lo sguardo di Irene si perde lontano, oltre lo steccato di legno, e i suoi occhi guizzano ovunque. Di fronte a noi un sole sempre più rosso dipinge l'orizzonte fatto di montagne e nuvole di cotone. Non si sente nulla, attorno. Solo il profumo del bosco e del vento, che spettina le chiome degli alberi.

Rimaniamo così per cinque minuti, o forse per cinquanta. Non saprei dire.

Il tempo con Irene perde senso.

«Andrea...» mi dice, d'un tratto, appoggiando la testa sulla mia spalla.

«Sì?»

«Li hai realizzati tutti, i miei sogni, lo sai?»

«Che cosa vuoi dire?»

Irene fruga nella tasca della giacca. Ne sfila un foglio spiegazzato e lo apre con le mani infreddolite.

NON DIMENTICARTI DEI SOGNI

- Amare i tramonti
- ~~Farci bene~~
- ~~Ricordarci che anche la tristezza è importante~~
- ~~Andare al mare~~
- Scrivere un libro
- ~~Essere in due posti nello stesso momento~~
- ~~Non accontentarsi~~

La guardo stupito e lei mi sorride.

«Lo porto sempre con me quando esco, ultimamente. Ho cancellato qualcosina senza dirti nulla. Hai visto quanti sogni abbiamo già realizzato? Alcuni senza nemmeno rendercene conto.»

Poi prende dalla tasca anche una penna nera e barra quel mio sogno che ho sempre voluto fosse anche un po' suo: "Amare i tramonti".

A guardare quel pezzo di carta, adesso, mi emoziono.

«Hai ragione tu, Andrea. Non si possono odiare, i tramonti.»

Le sorrido. «No, non si può.»

«Ora tocca a te.»

«In che senso?»

«Manca ancora un desiderio: il tuo.»

Osservo il foglietto. «Scrivere un libro...» sussurro.

Irene ha il viso illuminato dall'entusiasmo. «Già.»

Sono stato così tanto occupato dal mondo, in questo periodo, travolto da Irene e da tutto quello che il destino sta decidendo al posto nostro, che me ne ero dimenticato.

«Lo farò, te lo prometto, Irene.»

«Lo so. E scriverai un libro bellissimo.»

«Lo spero.»

«Hai talento.»

«Ho passione.»

Arriva un soffio di vento più forte e le si scompigliano i capelli.

Allungo una mano per accarezzarli un po' e glieli sistemo dietro l'orecchio. Lei arrossisce e i suoi occhi si riempiono di gratitudine e imbarazzo. «Mi stupiscono sempre queste cose, sai?»

«Che cosa?»

«Questi gesti colmi di impercettibile gentilezza. Togliermi i capelli da viso, i messaggi prima di dormire, aprirmi la porta quando rientriamo a casa, versarmi l'acqua al ristorante. Quando mi regali sorrisi che non ho chiesto.»

«Sai perché lo faccio?»

«Perché?

«Perché tu meriti le piccole attenzioni.»

25

L'amore non è sfiorarsi le labbra, ma sfiorarsi i pensieri

A Nosellari l'inverno vuol dire tante cose.

Vuol dire che le montagne diventano panettoni ricoperti di zucchero a velo, che per qualche mese le strade straripano di turisti e che nei suoi abitanti cresce la consapevolezza di quanto è vasto il mondo lontano dalle vie in cui sono cresciuti.

Vuol dire che a dicembre il cielo comincia a rovesciare secchiate di bianco e che molto spesso le scuole chiudono i battenti perché la neve arriva fino alle ginocchia; e allora si prendono gli sci, o le slitte, e si corre tutto il giorno per liberare i polmoni.

Loris si diverte a far dispetti e spala tutto il suo cortile, anche l'orto e poi il piazzale, buttando tutta la neve nel mio giardino, e in quello di Max, e nell'aiuola di Luigi.

L'inverno in queste montagne vuol dire anche odori nuovi e un'aria gelata che ti entra nel naso fino a scaldarti il cuore, andare in auto solo in seconda e vedere i bambini rincorrersi e giocare a palle di neve. Ma vuol dire anche l'atmosfera tiepida del fuoco dentro casa, i boschi addobbati a festa e il soggiorno pieno di aghi di pino.

Quest'anno, però, la prima neve si porta dietro anche i primi veri peggioramenti di Irene e l'inizio delle cure.

La mattina della prima chemioterapia Irene mi ha chiesto di accompagnarla.

Sabrina all'inizio ci è rimasta male, ma poi ha accettato ed è andata al lavoro per tenere la mente occupata.

Irene mi ha detto che Sabrina non merita di vederla con tutti quei tubicini dentro il corpo e che vuole evitarle questo dolore.

Si è preparata con cura: si è pettinata, si è truccata, ha indossato un vestito elegante.

Poi, prima di uscire, mi ha chiesto di farle una fotografia.

La chemioterapia è durata quattro ore e io sono stato al suo fianco per tutto il tempo. Abbiamo chiacchierato e abbiamo ascoltato un po' di musica.

Quando siamo saliti in auto per tornare a casa Irene era già molto debole, ma non ha detto niente. Ha appoggiato la testa al sedile, ha chiuso gli occhi e si è addormentata.

Mentre guidavo la guardavo di sfuggita, e mi sembrava bella come sempre.

Al rientro abbiamo trovato Sabrina ad aspettarci con

una tazza di tè caldo. L'ha bevuto anche Irene, prima di andare a coricarsi un po'.

Io sono rimasto a chiacchierare con Sabrina e poi ho raggiunto Laura e Francesca, che erano da Edoardo a guardare un film.

«Com'è stato?» mi chiede Laura.

«Terribilmente ingiusto. Mi guardavo attorno e continuavo a dirmi che lei, lì dentro, non c'entrava proprio niente.»

«A pensarci bene, nessuno dovrebbe...» Edo mette in pausa il video e si accende una sigaretta.

«Adesso non lo so cosa aspettarmi. Il pensiero di quello che potrebbe succedere nei prossimi giorni mi preoccupa. Non sono pronto per vederla stare male.»

Francesca si alza e mi abbraccia. «Sai che puoi contare su di noi, per quello che può valere in un momento così.»

«Vuol dire tanto, invece. Mi dispiace di avervi coinvolto in questa storia.»

Edo si siede sul tavolo del soggiorno. «Non dirlo nemmeno per scherzo. A proposito...»

«Sì?» rispondo.

«Max lo sa?»

«Sì. Quando è successo l'ho chiamato. Probabilmente mi sono dimenticato di dirvelo. Ho così tanti pensieri che qualche volta ho paura che mi scoppi la testa. Mi spiace che non l'abbia potuta conoscere. Sono sicuro che gli sarebbe piaciuta.»

«E che cos'ha detto?»

«Niente, a dire la verità. Sapete com'è fatto Max. Non ama le frasi fatte. Però siamo rimasti al telefono un sacco di tempo a parlare di tutto. Mi ha detto che sta imparando l'inglese e che ambientarsi è stato piuttosto difficile, fino alla prima volta che ha fatto l'amore. Da quel momento si è sentito subito un pochino più a casa.»

Laura scuote la testa. «Non cambierà mai...»

Ridiamo insieme.

«Che film state guardando?»

«I film di Natale, in serie» mi risponde Edo.

«Ma li avete visti duemila volte!»

«Sì, ma non stufano mai. Francesca invece si è già stufata di Tomas.»

Sorrido. «Questa sì che è una bella notizia.»

«Stupido.» Francesca mi guarda di sottecchi.

«Che cosa ti ha fatto cambiare idea?»

«Veramente lui non c'entra. Non so come spiegarlo, ma non mi sento pronta per una relazione. È sempre così. Comincio con mille aspettative e dopo qualche mese mi annoio.»

«Be', di Tomas mi sarei stufato anche io.»

«Ti prego, Andrea, smettila con questa storia. È che qualche volta mi sembra di essere in ritardo.»

«In ritardo rispetto a cosa?» le chiede Laura.

«Al mondo, alla gente, alla vita. Che ne so.»

Edoardo alza un sopracciglio. «A dire la verità proprio non ti capisco.»

«Voglio dire che sono sempre tutti così felici di amarsi, basta guardarsi attorno. Io invece questa cosa qui non l'ho mai provata. Magari mi succederà in futuro, ma adesso non la sento tutta questa frenesia dell'amore eterno. E mi sembra di essere fuori tempo con tutto il resto della gente.»

«Riprendiamo il film?» Edoardo alza gli occhi al cielo.

«Quanto sei stronzo...» Francesca lo dice con un pizzico di cattiveria, ma si vede che sta trattenendo una risata.

È fatto così, lui. Certi discorsi preferisce evitarli.

«Posso chiederti un caffè, prima?» domando.

Comincio a sentire addosso la stanchezza che si porta dietro una giornata come questa.

Edoardo scivola in cucina mentre io, Laura e Francesca continuiamo a parlare fra di noi.

Spegniamo le luci e cominciamo a vedere il film, ma io mi addormento quasi subito, con il caffè fumante ancora sul tavolino.

Mi sveglio quando il film è finito da un bel po'.

«Scusatemi, ragazzi» dico, stropicciandomi gli occhi.

«Non preoccuparti.» Laura sorride.

«Meglio che vada.»

«Ci sentiamo nei prossimi giorni, Andrea.»

Saluto tutti ed esco. Andando verso casa passo sotto quella di Irene. In camera sua la luce è spenta.

Spengo un attimo il motore e rimango a fissare la sua finestra: basta una frazione di secondo per vedermi scorrere davanti tutta la vita che ci ho fatto stare dentro, in quegli occhi addormentati, e mi sento più innamorato che mai.

Ci sono finestre che raccontano una storia.

Prima di ripartire afferro il cellulare e le mando un messaggio: "Buonanotte amore".

Poi cambio chat.

"Ascoltami, non sentirti in difetto. Nessuno di noi è mai in ritardo con la vita. Dicono che c'è un tempo per tutto. Un tempo per amare, un tempo per odiare, un tempo per ridere e un tempo per piangere. Dicono che c'è un tempo per studiare e uno per lavorare, un tempo per andare a ballare e un tempo per chiudersi in casa. E poi dicono che c'è un tempo per vivere e uno per morire. Dicono che c'è un tempo per abbandonarsi a un abbraccio e uno per difendersi, un tempo per sognare e uno per svegliarsi. Invece sai cosa ti dico io? Non è così, perché ognuno di noi vive il suo, di tempo. E allora non amareggiarti. Segui il tuo sogno. Vivi il tuo tempo."

Rileggo e invio a Francesca.

I giorni seguenti Irene ha gli occhi stanchi, ma dentro sente tutta la rabbia di chi non ha voglia di abbattersi.

Deve fare una chemio ogni due settimane, intervallata da sedute giornaliere di radioterapia.

Una mattina sono andato a comprarle un libro.

Ho setacciato i volumi di ogni scaffale, mi sono immerso nell'odore di pagine e inchiostro, con in sottofondo il rumore delle mani che sfogliano.

Mi piacciono tanto, i libri, soprattutto quando me li consiglia qualcuno, perché in questo caso immagino di camminare in luoghi popolati da qualcun altro prima di me e mi sembra di vederlo lì, quel qualcuno, nascosto in un angolino della scena che prende forma nella mia testa.

I libri sono dei ponti che collegano le persone.

E poi, in fondo, sono un po' come noi: ci sono persone che non hanno una copertina esaltante, ma le pagine che celano sono una continua sorpresa, e ci sono libri che catturano al primo sguardo come alcuni incontri improvvisi, e quando inizi a leggere non puoi smettere più: devi sapere, devi conoscere.

Ogni persona ha un suo profumo, ogni libro ha un suo odore.

Si leggono anche con il naso, i libri.

E poi anche le persone, come i libri, non finiscono mai di stupirti.

Me lo sono chiesto spesso, sin dal giorno in cui ci siamo conosciuti: Irene che libro è?

Alla fine, ho comprato *Pastorale americana* di Philip Roth, un romanzo che papà mi consiglia da sempre, ma che non ho mai sfidato per via della lunghezza. Adesso, però, mi piacerebbe leggerlo insieme a Irene.

A dire il vero, con Irene mi piacerebbe fare tutto.

Prima di andare da lei, dopo cena, le scrivo un biglietto: "Sei tutte le parole che conosco".

Irene è più in forze, stasera, e quando la vedo mi batte il cuore, come la prima volta.

«Ciao amore» mi saluta, con un bacio che è un sospiro.

«Ciao amore. Come stai oggi?»

«Meglio. Oggi sono felice.» Il suo sorriso rende felice anche me.

«Ti ho portato un regalo.»

«Non dovevi, grazie.»

Saluto Sabrina, poi però ci nascondiamo in camera e facciamo l'amore come mai prima d'ora, in quel modo che ti rimescola tutto.

Me lo dice sempre, Irene: l'amore non è sfiorarsi le labbra, ma sfiorarsi i pensieri.

Restiamo svegli tutta la notte a parlare di noi, come facevamo quando tutto questo non esisteva ancora.

Mentre ce ne stiamo abbracciati al buio, Irene mi dice che non cambia mica tanto avere il cancro oppure no, perché poi, quando la seduta di chemio finisce e ti tolgono tutti quei tubicini, c'è la solita vita, fuori. E poi mi dice anche che è proprio in quel momento che ti accorgi che non c'è tutta questa differenza fra il dover morire oggi o fra cinquant'anni, perché si fanno comunque sempre le stesse cose: ci si alza, ci si stropiccia un po' e si beve una tazza di caffè.

E alla fine ha concluso confessando che sono io, la sua tazza di caffè.

La paura di non avere un futuro ha fatto nascere in

lei la voglia di aggredire il presente. È così che funziona: la morte fa venire voglia della vita, non è strano? Cioè, non è strano che la morte faccia venire voglia della vita, è strano che ci venga voglia della vita solo quando ci dicono che presto non ce l'avremo più.

Quando finisce una storia succede la stessa cosa: mentre si sta insieme ognuno sopporta a stento i difetti dell'altro, ma basta allontanarsi un po' per scoprire invece di amarli tutti quanti.

In questi giorni Irene si è trasformata in un oceano di parole. Parla tantissimo, sempre, ovunque. E mi racconta tutto, come se avesse bisogno di buttare fuori più vita possibile da urlare in faccia al sole.

E ride, ride come non ha mai fatto prima.

26

Solo noi, io e te

In fondo è la vita che ci trasforma, la vita e tutto quello che ci sta dentro: sguardi, mani, partenze, ritorni, amori.

Abbiamo tutti un oceano di sogni nel cassetto da realizzare, e arriverà il giorno in cui dovremo vederne qualcuno scoppiare in mille pezzi.

Però una cosa l'ho imparata: il dolore crea come delle piccole isole meravigliose, destinate a luccicare per sempre.

Quindi non abbiate paura delle cicatrici che vi restano addosso, perché è quando si scopre che non tutto è incanto che si può imparare ad amare davvero. Ci vuole coraggio, così come per superare il fatto che i nostri sogni sono andati in frantumi.

Amare Irene, certi giorni, richiede tutta la forza che pensavo di non avere.

Non è facile vedere la persona che ami stare male,

perché faresti qualsiasi cosa per alleviare la sua sofferenza.

Il recupero che segue la seconda seduta di chemioterapia è più difficoltoso del precedente e i capelli di Irene cadono nel lavandino.

Ci sono attimi in cui ti senti piccolo così, momenti in cui vorresti sparire.

Con l'avanzare della malattia si riduce anche il tempo che dedico ai miei amici, perché ogni secondo libero della giornata è per Irene.

Per ora ho deciso di lasciar perdere l'università, il suo banco vuoto mi fa troppo male.

A un paio di giorni dalla terza seduta di chemioterapia me la ritrovo sotto casa.

«Ho fame» mi dice. «Mi porti da Ugo?»

Scoprire che ha voglia di mangiare la pastasciutta mi disegna un sorriso nello stomaco.

Scendo di corsa. «E me lo chiedi?»

«Comunque, non è così male morire di cancro, sai?» siamo seduti sotto un enorme capriolo e davanti a due porzioni di maccheroni che nuotano nel gorgonzola.

«No? In effetti hai ragione, chi non vorrebbe provarlo?»

Irene ride. «In fondo è divertente, la chemioterapia: si conoscono tantissime persone infelici, e a stare seduti su quella sedia con tutti quei tubicini addosso il tuo cervello fa dei giri immensi, ti fai tutte le domande esistenziali possibili e immaginabili e finisce che ti senti un genio. E poi non la possono fare mica tutti la chemioterapia. Qualche volta sembra di averla vinta, quell'esperienza lì.»

Sorrido mentre bevo un sorso di vino. «Da quando sei malata hai un sacco di nuovi amici.»

«Mi sa che è perché il cancro va di moda.»

«Dài, non esagerare.» Mi piace affrontare l'argomento con leggerezza, ma il rischio che possa scoppiare a piangere da un momento all'altro è sempre dietro l'angolo.

«Non esagero. Da quando è successa questa cosa sono stata sommersa di messaggi di persone che non sentivo dai tempi dell'asilo e avrei volentieri continuato a non sentire. E poi quando si è malati si diventa subito più simpatici, sai? Tutti all'improvviso ti vogliono bene. Non ho mai visto così tanti sorrisi finti come in questo periodo. È per questo che adoro i miei nuovi amici infelici della chemioterapia. Almeno loro sono infelici davvero.»

«A volte sei così cinica...» lo dico senza riuscire a trattenere una risata.

«Lo so.»

«Francesca ha cominciato a uscire con Diego, sai?»

«Chi è Diego?»

«Il ragazzo che quest'estate faceva il bagnino al lago, ricordi?»

«Quello che voleva convincermi che quando cresci

non è il piede a diventare più grande ma le scarpe a rimpicciolirsi?»

«Esattamente...»

«Io a volte non la capisco, Francesca...»

Rido. «Tanto fra qualche mese si lasceranno.»

«Anche tu sei cinico.»

«Lo so.»

«Che lavoro volevi fare da bambino?» Irene cambia discorso di punto in bianco.

«Il falegname e l'autista delle corriere. E tu?»

«La veterinaria.»

«Tutte le bambine vogliono fare la veterinaria.»

«E allora?»

«No, niente. Dicevo per dire. Comunque, ho una notizia bella e una brutta. Quale vuoi sapere prima?»

«Quella brutta.»

«La notizia brutta non esiste.»

«E allora perché mi hai detto che hai una notizia brutta?»

«Per creare un po' di suspense.»

«Ma sei scemo?»

«Me l'hai chiesto anche quando ci siamo conosciuti...»

«Ci avevo visto giusto allora.»

Rido.

«Allora? Qual è la notizia bella?» incalza Irene.

«Mamma e papà sono andati a trascorrere un weekend fuori. Hai voglia di dormire da me stanotte?»

Le brillano gli occhi. «Non mi sono portata niente però...»

«Non preoccuparti. Ti presto una maglietta, se ti accontenti.»

«Solo se mi dai quella nera con la mucca disegnata sulla pancia.»

«Se proprio insisti...»

«E se mi porti a bere qualcosa da Winny...»

«Hai un sacco di richieste, questa sera.»

«Ho tanta voglia di vivere, questa sera.»

Ci vediamo tutti insieme dopo cena, davanti a un analcolico alla frutta, anche con Edoardo, Laura e Francesca, che ultimamente sto un po' perdendo di vista.

Scherziamo e chiacchieriamo come se nulla fosse, e tutta questa normalità quasi mi emoziona.

Quando rientriamo a casa, io e Irene ci sdraiamo sul letto.

«Ho cominciato a scrivere il libro, lo sai?» le dico.

«Davvero?»

«Sì.»

Ha una maglietta nera e nient'altro, solo quelle gambe nude a sfiorare le lenzuola.

«Ti va di leggerlo per me?»

«Ho scritto poco, però.»

«Sono sicura che sarà abbastanza.»

Allora prendo il PC, lo metto sulle ginocchia e apro il file.

Il libro che ho immaginato comincia con una lettera:

> Ciao amore mio,
>
> non sono perfetta, lo so: indosso la timidezza nelle mani, la fragilità nello sguardo, l'insicurezza nei modi.
>
> E so che spesso il palloncino d'acqua che ho negli occhi scoppia e io non riesco a fermarlo, che qualche volta mi arrabbio e perdo la testa, che a volte ti urlo addosso solo perché ti vorrei vicino.
>
> Tu non lo sai, ma quando ti dico «vai via» poi vorrei dirti subito «torna indietro», quando ti vedo insieme ai tuoi amici ho paura di perderti, e quando ti ho accanto, sotto le lenzuola, mi bevo ogni goccia di te e ti annuso perché sai di cocco, di notte, e di noi.
>
> So che qualche volta cado, però ti prometto che poi mi rialzo.
>
> So che graffio, però poi abbraccio.
>
> E che odio tutti, però a te ti amo.
>
> E mi basta poco, sai?
>
> La dolcezza degli occhi, la spontaneità dei gesti, le piccole sicurezze con cui mi vesti.
>
> A pensarci su, alla fine, mi basti tu.

Continuo a leggere così: con lo sguardo di Irene fisso su di me, le sue braccia attorno e la notte che ci avvolge.

Quando si addormenta cancello tutto.

Rileggendole, mi sono reso conto che non sono quelle le parole che voglio scrivere.

Un libro bisogna sentirselo addosso.

È da poco passata mezzanotte, Irene mi respira sulla spalla e il bagliore della luna filtra dalla finestra. Chiudo il PC, lo appoggio a terra e torno con gli occhi su di lei.

E in questo momento di semplice quotidianità, con le sue mani appoggiate sulle mie lenzuola e il suo viso stanco affogato nel cuscino, mi rendo conto di come il sentimento che provo nei suoi confronti abbia il coraggio e l'incoscienza di andare incontro a qualsiasi cosa.

Allora la sveglio con un sussurro nell'orecchio.

«Mi vuoi sposare?» glielo chiedo così, sfacciato come lei, quando la sera che ci siamo conosciuti mi ha detto: "Puoi smetterla di fissarmi?".

Irene spalanca gli occhi. «Sei matto?» mi chiede con la voce assonnata.

«Forse sì. Però ascoltami un attimo, va bene?»

«No, aspetta, Andrea. Per quanto io lo desideri, non te lo permetterei mai...» Si tira su piantando i gomiti nel materasso.

«Ferma, fammi finire. Non parlo di un matrimonio vero, che poi ancora non l'ho capito che cos'è che rende vero un matrimonio. Sposiamoci fra di noi, io e te. Nessun invitato, solo i nostri sentimenti. Scegliamo un posto, un posto nostro, uno di quelli che non significa niente però per noi significa tutto: un prato, un bosco, un ruscello, che ne so. Facciamoci delle promesse nostre, anche se non possiamo mantenerle. È tutto vero, Irene. Questo amore, intendo. Non ci siamo inventati niente. Ci siamo conosciuti, rincorsi, ci siamo persi e ci siamo ritrovati. Io ti voglio sposare. E non m'interessa niente se per il mondo non saremo mai marito e moglie, perché io voglio che si sposino i nostri cuori. Non scambiamoci anelli, ma solo parole d'amore da confondere nell'aria.»

27

Sono sempre gli attimi che diventano per sempre

Ci sposiamo qualche settimana più tardi, quando la terza seduta di chemioterapia è abbastanza lontana da permettere a Irene di annusare, per quanto possibile, qualche briciola di felicità.

E poi ci sposiamo di notte, noi due; la notte ci ha condotti l'uno nelle braccia dell'altra, la notte custodisce le parole con cui ci siamo dichiarati il nostro amore e la notte ci ha visti la prima volta fare l'amore.

Non ne ho parlato con nessuno, di questa lucida follia, perché non ho voglia di dare spiegazioni di cui l'amore non ha bisogno.

Io so, lei sa.

In queste settimane Irene non è stata bene: ha cominciato a perdere peso e a mangiare meno, ma in compenso mi abbraccia più spesso.

Qualche volta succede che il dolore si dimentica della gentilezza.

Irene invece ha attenzioni verso tutti: verso di me, verso i suoi amici, verso il mondo.

Il giorno del nostro matrimonio nevica.

Abbiamo deciso di sposarci lì dove si sono sincronizzati per la prima volta i battiti del nostro cuore: su quella panchina, che legandoci gli sguardi ci ha fatto sussultare i cuori.

Dopo cena mi sono fatto la doccia e mi sono vestito elegante. Mi sono pettinato con cura e sono uscito di casa con il sorriso di chi corre incontro a un sogno.

Fuori è freddo e il profumo della neve avvolge il paese.

Quando vedo Irene uscire di casa sento il cuore sistemarsi al posto giusto. Indossa il berretto che le ho regalato quella sera fatta di passeggiate e cioccolata calda, una sciarpa e una giacca rossa che sembra fare da cornice a un quadro.

«Ciao», mi dice emozionata.

«Ciao» e le sfioro le labbra con un bacio leggero.

«Sei bellissimo, sai?»

«Anche tu sei bellissima.»

Rimaniamo un attimo a fissarci, incantati.

Il lago ci accoglie ghiacciato e delle nuvolette di vapore escono dalle nostre bocche.

Arriviamo alla nostra panchina in un sospiro.

«Ti va di ballare?» le chiedo.

«Mi va. Ma la musica?»

«La musica la facciamo noi.»

Le appoggio le mani sui fianchi e la attiro delicatamente a me. Ci muoviamo piano, mentre provo a canticchiare qualcosa. Sono sempre stato stonato, a dire la verità. Ma non importa.

Balliamo e i nostri sguardi si mescolano.

Poi faccio accomodare Irene, perché inizio a vederla affaticata, e mi siedo di fianco a lei.

«Ti sei preparato qualcosa da dire?» mi domanda.

Scuoto la testa. «Veramente no. E tu?»

«Nemmeno io. Però mi piace improvvisare. Sembra tutto più vero.»

«Lo è.»

«Inizi tu?»

«Okay.»

Faccio una pausa, perché voglio rubare qualche secondo di tempo a queste sensazioni.

«Prima di tutto volevo dirti grazie. Senza aggiungere molto altro. Ho pensato alle promesse, ai primi baci, alla prima volta che abbiamo fatto l'amore, alla felicità di averti trovata e alla paura di perderti. Ho pensato anche ai litigi e ai momenti difficili, e poi a quando abbiamo fatto pace, un nuovo inizio di qualcosa che non finisce mai. E sai cosa? Mi sono detto che se stiamo assieme da tutto questo tempo non è per questo. È stato qualcos'altro, è stato un attimo, un incrocio di sguardi in una notte di luglio. E allora mi sono detto che la vita non è fatta di giorni, ma di occasioni che bisogna cogliere al volo per rendere ogni istante straordinario. Ecco, io volevo dirti che tu sei l'attimo che ho colto e che, alla fine, sono sempre gli attimi che diventano per sempre. Scusa, ho detto così tante cose che mi sono perso. A dire la verità, volevo solo dirti che ti amo. E basta.»

Le parole mi sono uscite come un fiume in piena, così, tutte insieme, senza che riuscissi a fermarle.

Irene mi guarda con gli occhi grandi. «E che cosa mi prometti?»

«Prometto di farti ridere.»

«È una bellissima promessa.»

Sorrido.

Lei mi prende la mano. Apre la bocca e poi la richiude. È un po' nervosa, si vede.

Le faccio coraggio con un cenno del capo.

«Sei stato tutte le mie prime volte, sai? Perché ho imparato che ci sono prime volte che arrivano per ultime. Magari si incontrano altri cuori, prima. Si disegnano altre costellazioni nelle iridi degli occhi, si ama anche, ma con il freno a mano tirato. Poi a un certo punto arriva qualcuno che ti fa sentire persa, perché altrimenti non sarebbe amore, e ti fa ricominciare tutto dall'inizio. E così ogni volta è di nuovo una prima volta. Ti sembra di fare l'amore timida e impacciata, senti il cervello in balìa del cuore e le mani che tremano e ti accorgi che basta uno sguardo per abbattere la barriera di malta e mattoni che avevi costruito nel tempo. Perché è così, la vita. Inaspettata. Come noi. Sei diventato un po' la mia casa, una casa con una grande terrazza sulla quale mi sento al sicuro, senza bisogno di rinunciare al cielo.»

«Ti amo, Irene.»

«Ti amo anche io, Andrea.»

Ci guardiamo. Poi Irene continua a parlare. «Ho pensato molto alla promessa da farti, lo sai? I momenti importanti meritano promesse importanti.»

«E cosa mi prometti?»

«Ti prometto che ti amerò anche quando non potrò più dirtelo.»

Siamo rimasti lì fino all'alba, perché avevamo voglia di dipingere d'eternità la nostra notte più bella.

28

Sei l'attimo che mi cambia la vita

Il tempo vola via insieme alle forze di Irene.

Nei mesi seguenti alla notte delle nostre promesse si succedono nuove cure e nuovi momenti di sconforto: per la prima volta, cominciano a venire meno le speranze e, forse, anche la voglia di lottare.

Il decorso della malattia, prima più lento e impercettibile, inizia a essere sempre più evidente, così come i peggioramenti di Irene.

I suoi sorrisi sono più stiracchiati, le parole più rare, i silenzi più lunghi.

È tutto più zitto: Irene, Sabrina, il tempo, lo spazio e anche io.

A inizio marzo la neve si scioglie, il sole torna a fare capolino e Irene comincia ad avere difficoltà nel camminare.

Il suo corpo inizia a indebolirsi e così i medici impongono l'interruzione delle cure.

Irene si arrabbia, ma questa volta non c'è nulla da fare.

Un tardo pomeriggio di una giornata uggiosa, mi chiama Sabrina e mi dice che Irene è svenuta in bagno e che è stata ricoverata.

Sono corso all'ospedale e sono stato con lei tutta la notte.

Accompagnare Irene alla morte significa tante cose, ma soprattutto vuol dire tantissimo tempo da trascorrere a non fare niente, seduto su una sedia scomoda a guardare il suo petto salire e scendere a un ritmo lento e regolare.

Irene dorme tantissimo e succederà sempre più di frequente, perché l'avanzare della malattia si porterà dietro una stanchezza profonda.

Durante le poche ore in cui riesce a rimanere sveglia ci teniamo per mano e io cerco di immaginare un mondo senza il contatto con la sua pelle, ma non ci riesco.

A volte mi chiede di leggere per lei. Sono andato a comprare dei libri e li ho appoggiati sul comodino. Mi piace riuscire a portarla da qualche parte con la voce.

Ci hanno sempre unito, le parole, e continuano a farlo.

Quando Irene mi parla, o mi ascolta, la sento subito un po' più vicina.

Ultimamente mi chiede sempre di leggere *Viaggio al centro della Terra* di Jules Verne. È un libro che la appassiona molto e che la fa sentire meglio. E le ringrazio anch'io, quelle pagine, perché sono state capaci di accarezzarmi il cuore in queste ore senza fine.

Una sera alle porte di aprile, mentre guarda fuori dalla finestra, sdraiata sul suo solito letto bianco, Irene mi dice una cosa che non mi aspettavo.

«Scusami.»

«Per che cosa?» le chiedo.

«Sarebbe stato meglio non ti fossi mai innamorato di me.»

«Rifarei tutto. Non mi pento di niente. Mi hai fatto provare l'emozione più pura del mondo.»

«Non vorrei andare via. Ho vent'anni e tante cose da fare.»

«Non succederà. Puoi guarire.»

«No. Non posso.»

Tre parole che hanno zittito il mondo.

«Sai cosa mi manca, più di tutto?» mi dice, allora.

«Che cosa?»

«Uscire a cena con te.»

Rimango zitto.

«Andrea.»

«Sì?»

«Mi fai una promessa?»

Annuisco.

«Sai a cosa ho pensato tante volte in questi mesi? Che siamo dei fenomeni a dire "domani"».

«Domani?»

«Dài, hai capito. Siamo bravissimi a posticipare.

Ogni giorno rimandiamo una tale quantità di cose che a pensarci mi viene la pelle d'oca. Crediamo che avremo il tempo per fare tutto, ma la verità è che non possiamo quantificarlo. È questo che mi ha fatto capire il cancro: non siamo in grado di prevedere quanto tempo abbiamo per fare ciò che desideriamo. Non facciamo che dire "un giorno di questi ci prendiamo un caffè", "poi ti chiamo", "fatti sentire". Aspettiamo sempre un'occasione che alla fine non arriva mai. La verità è che ogni ipotetico caffè dovrebbe trasformarsi davvero in un caffè, che tutti i "poi ti chiamo" dovrebbero diventare parole reali, che ogni "ci sentiamo" dovrebbe essere un "vieni, parliamo". La gente reale ha bisogno di altra gente reale. Dovrebbero sparire tutti i se, i ma, i però. Siamo dei fenomeni a trovare scuse: è troppo lontano; se c'è bel tempo fa troppo caldo e se piove, non ne parliamo. Bisognerebbe aprire gli ombrelli e chiudere i telefonini, suonare campanelli e citofoni, spalancare la porta e uscire senza averlo programmato. Dovremmo sorprenderci. E poi sarebbe bello che i più coraggiosi chiudessero anche gli ombrelli e descrivessero agli altri che sapore ha un bacio sotto la pioggia.»

«Cos'è che ti dispiace di più?» le chiedo.

«Di che cosa?»

«Del fatto di dover morire.»

«Il futuro.»

«Il futuro?»

«Tutte le cose belle della vita che mi perderò. Una cosa è avere il cancro a ottant'anni, quando hai avuto la possibilità di vivere una vita piena, un conto alla mia età, quando devi ancora sperimentare un sacco di cose belle. Non ho paura di morire, mi dà fastidio, il che è molto peggio. Mi dà fastidio non poter vedere il mondo che non ho visto. Non saprò mai cosa vuol dire avere una splendida bambina bionda con gli occhi azzurri. Non saprò mai che cosa si prova a veder crescere il proprio figlio, non conoscerò l'emozione di vederlo muovere i primi piccoli passi e non lo sentirò sussurrare "mamma" e "papà". Non sarò mai nonna. Non sarò tantissime cose. È questo che non riesco a sopportare.»

«Cosa vuoi che ti prometta?» domando.

«Vorrei diventassi bravo a sostituire il domani con l'oggi, a pensare meno al futuro e più al presente. Vorrei che fossi una persona reale vicino ad altre persone reali, vorrei che fossi felice anche quando piove. Vorrei che non arrivassi mai a odiare i tramonti, perché è impossibile odiarli, in fondo il tramonto non è solo la fine del giorno, ma anche l'inizio della notte. E vorrei che tu li considerassi così, come un inizio. Vorrei che mi dicessi che sarai felice. Me lo prometti?»

«Sì.» In realtà non ho la minima idea di come fare.

«Andrea, secondo te, cos'è la felicità?»

«Non lo so. Non ci ho mai pensato. Secondo te?»

«Il sole che sorge, infilarsi sotto a una coperta con un tè caldo, il mare, vedere un pesciolino nuotare, i capelli mossi dal vento, gli amici, il caffè alla mattina, i baci inaspettati, gli smile sul telefonino, le emozioni, i dettagli, uscire a cena con te.» Adesso, nella malinconia dei suoi occhi si fa spazio un sorriso. «Uscire a cena con te» ripete. «Questa, secondo me, è la felicità.»

Quando esco dalla stanza in cui è ricoverata Irene, mi lascio cadere a terra e mi abbandono a quel fiume di lacrime che davanti a lei sono riuscito ad arginare.

Piango per tutto. Piango per Irene e per il male che la consuma. Piango perché ci sono cose che non si possono cambiare, perché non sempre va tutto come ci aspettiamo, perché vorrei raccogliere tutte quelle briciole di lei che il destino sta portando via e tenerle sempre vicino al cuore. E poi piango per il suo, di pianto, per le attese, per la chemioterapia e per la sua rabbia.

Piango per i baci, per i nostri silenzi che invece fanno rumore, per l'incredulità di Sabrina davanti alla malattia.

Piango perché una madre non dovrebbe seppellire un figlio, perché nessuno può davvero capire, perché vorrei ma non posso svegliare tutti e dire che è solo uno scherzo.

È che senza di lei non so se mi sentirò mai più al sicuro.

Poi, un po' alla volta, riesco a calmarmi. Faccio un respiro profondo, mi sciacquo il viso e mi osservo allo specchio.

Sono dimagrito anch'io. Mangio poco, dormo ancora meno. Sono stanco. Mi sento come un guscio vuoto e vorrei sentirmi utile.

Dovrei essere forte, invece sono solo innamorato.

Innamorato e in balìa degli eventi come una pallina da ping pong scaraventata da una parte all'altra.

Quando rientro a casa scivolo sotto la doccia e lascio che l'acqua calda mi accarezzi il corpo.

Rimango così per un'infinità di tempo, immerso nel vapore, con gli occhi chiusi.

Poi vado in camera da letto, scelgo il vestito più bello e lo indosso.

Quando varco la soglia di casa e salgo in auto mi sento emozionato.

Sto andando all'appuntamento più importante della mia vita.

29

Sei l'attimo che non scorderò mai

Irene indossa una gonna a fiori e quell'eleganza di donna che le appartiene.

«Sei bellissima.»

Arrossisce. «Me lo dici sempre nei momenti meno opportuni.»

«Non sapevo esistesse un momento giusto per un complimento sincero.»

Le metto le mani sugli occhi per impedirle di vedere e l'aiuto a uscire dalla stanza.

«Che cos'hai in mente?» mi chiede.

«Ti ho fatto un regalo.»

«Davvero?»

«Sì. Guarda...»

Le libero gli occhi.

Nel corridoio dell'ospedale ho sistemato un tavolino in legno apparecchiato per cena.

Irene si volta verso di me con gli occhi lucidi.

«Scusami se piango sempre, in questi giorni.»

«Sai cosa dice un proverbio inglese?»

«Che cosa?»

«Le lacrime lavano gli occhi, quindi poi si vede meglio.»

Irene mi sfiora le labbra con un bacio morbido.

«Hai ragione tu» le dico.

«A proposito di cosa?»

«Ci sta togliendo tanto, la vita. Ci sta togliendo un miliardo di occasioni che due ragazzi innamorati dovrebbero poter cogliere insieme; per quanto mi sforzi, non posso far finta che non sia così. Ma non m'importa, perché rifarei tutto esattamente come l'ho fatto. E non m'interessa cosa succederà domani. Non adesso, almeno. In un giorno tutto può cambiare, e forse quello che abbiamo oggi non lo avremo più. E allora a cosa serve pensare al futuro se ci dimentichiamo del presente? Adesso siamo qui; questo non è futuro, non è passato, è qui e ora. E qui e ora ci siamo noi. E io ti guardo negli occhi, so che ti amo e che sono stato fortunato a incontrarti. Tu mi hai cambiato la vita e mi hai fatto diventare chi sono felice di essere. Il destino potrà togliermi tutto, Irene, ma non la possibilità di uscire a cena con te il sabato sera.»

L'accompagno al tavolo, l'aiuto a sedersi e le verso un bicchiere d'acqua.

«A cosa brindiamo?» le chiedo.

Irene ride. «Ma non si brinda con l'acqua.»

«E chi l'ha deciso?»

«Non lo so.»

«Allora io decido che si può.»

«Va bene.»

«Quindi a cosa brindiamo?»

Irene alza il bicchiere. «A noi.»

Dopo il brindisi cominciamo a mangiare.

«Me l'ero scordato, il sapore della pizza.»

La guardo. «Riesci a mangiarla?»

«Sì, non preoccuparti. Mi piace essere a cena con te. Grazie.»

«Ti amo, sai?»

Ride e a me sembra di vedere il sole nei suoi occhi. «Quando l'hai scoperto?»

«Credo di averlo sempre saputo.»

«Ti amo anche io. È bastato un attimo, per farmi innamorare di te.»

«Quale attimo in particolare?»

«C'era la nostra tenda, il suono della tua voce che leggeva e il tuo odore mischiato a quello delle pagine di un libro che nemmeno ricordo più. A un certo punto mi sono accorta di aver smesso di ascoltare perché mi ero persa a fissare le tue labbra. Non mi è venuta voglia di baciarti, ma ho sentito una morsa sopra l'ombelico, come se qualcuno mi stesse scavando un buco dentro, e mi è salito un nodo in gola. Ma uno di quei nodi che lasceresti lì tutta la vita. Uno di quelli che ti fanno piangere perché sei troppo felice per tenertelo dentro. Ho sempre desiderato innamorarmi di un uomo capace di leggermi un libro.»

È una cena che non lascia spazio alla tristezza.

Parliamo di tutto come facevamo una volta, timidi e spensierati.

In questa chiacchierata con Irene mi sembra di vederci dentro tantissima vita. Mi vedo qui, seduto su questa sedia bianca e fredda, di fronte alla ragazza che amo e di fianco a un grande orologio digitale attaccato alla parete che sembra faccia il conto alla rovescia del tempo a nostra disposizione e rido perché riusciamo a mantenere la leggerezza anche di fronte alla morte.

Un po' è anche questo, l'amore: parlare di tutto.

Una volta che lo si capisce, poi forse non c'è più bisogno di capire niente.

Mangiamo fino a divorare anche il tempo, affamati di ogni secondo insieme, infine sazi, ma non di noi, beviamo per dissetarci l'anima. E poi rimaniamo a fissarci gli occhi. Quelli di Irene riempiono il buco che ho al posto del cuore.

Dovremmo essere sempre così, noi, come due persone al primo appuntamento, con un tavolino di troppo a separare la voglia di fare l'amore e nello stomaco il desiderio di scoprire a che cosa porteranno quelle traiettorie intrecciate di sguardi. Due persone che bevono un caffè amaro solo per contrastare la dolcezza che percepiscono nell'aria, una dolcezza che poi si trasferirà nell'intimità di quattro mura. Dovremmo diventare sordi per quanto forte battono i nostri cuori, spogliarci dei vestiti e delle incertezze e aspettare il giorno, per svegliarci senza esserci addormentati mai.

Dovremmo poter rimanere proprio così: disordinarci di baci, riordinarci i sentimenti.

Allora glielo dico.

«Vorrei restare così, sai?»

«Così come?»

«Proprio così.»

«Per quanto tempo?»

«Non lo so. Magari per sempre.»

Accompagno Irene nella sua stanza e le tengo compagnia mentre aspettiamo Sabrina, che si è offerta di passare la notte con lei.

«Voglio lasciarti questa.» Irene prende qualcosa dal cassetto del comodino. «È una lettera. Leggila una volta a casa.»

«Lo farò.»

Sabrina arriva qualche minuto più tardi.

«Grazie, Andrea» mi dice Irene, mentre sto per andare via.

Le sfioro la fronte con un bacio e abbraccio Sabrina, prima di andare. Sto per chiudermi la porta alle spalle quando Irene mi chiama di nuovo.

«Andrea...»

«Sì?»

«Ciao.»

La guardo con un burrone al posto del cuore. «Ciao.»

Quanti ciao scambiamo, nella vita. Ciao fatti di gioie nel petto, detti di corsa, andati persi e che invece aspetti. Ciao detti all'orecchio, ciao con addosso il profumo del cielo, ciao per dire «sono qui». Ma anche ciao a denti stretti, ciao a letto mentre ti stropicci, ciao con un sorriso.

Tutti così diversi, tutti così uguali.

Irene è stata il ciao che mi ha cambiato la vita, il ciao che mi ha insegnato cosa è veramente importante.

È quando meno te l'aspetti che si formano gli incastri perfetti.

Anche se la nostra storia non è stata perfetta, perché non è andata come avremmo voluto.

Che poi, come si fa a credere a chi non ha mai incontrato qualcuno capace di bucare il cuore, a chi non è mai caduto o a chi conosce solo i sorrisi?

Credete piuttosto a chi cammina a piedi scalzi sotto la pioggia, a chi è stato ferito ma è riuscito a guarire, a chi custodisce tramonti negli occhi. Credete a chi ha le mani che gli tremano, a chi ha amato troppo, ma mai abbastanza, a chi ha avuto paura e a chi magari ce l'ha ancora.

E poi credete a chi litiga con la voglia di fare l'amore, a chi corre verso qualcosa, ma anche a chi corre verso qualcuno. Credete a chi ha voglia di scappare, a chi poi ha voglia di tornare… e soprattutto a chi ha vinto, ma ha perso almeno una volta.

E poi abbiate cura dell'amore.

Abbiate cura della sua voce, della musica fra i suoi capelli, dei baci che vi hanno curato il cuore.

Abbiate cura di quelle mani che vi sfiorano disegnandovi un sorriso, dell'entusiasmo che vi fa venire voglia di correre, di tutti i sogni che vi illuminano lo sguardo.

E abbiate cura di amare chi avete accanto, piuttosto di ciò che non avete più, perché l'amore deve far nascere i sorrisi, non le lacrime.

Abbiate cura dei ricordi, degli attimi che credevate senza importanza e che invece non scorderete più.

Abbiate cura dei vostri passi, dei sapori dell'adolescenza e di quel pugno nella pancia, quando avrete la sensazione di essere diventati grandi. E allora cercate di restare sempre un po' bambini.

Abbiate cura del tempo. Di non perderne mai.

Abbiate cura della vita e di tutto quello che avete voglia di farci stare dentro.

Abbiate cura di voi stessi, ecco.

Amatevi, abbracciatevi, non dimenticatevi dei sogni.

Ci saranno momenti dolorosi in cui vi verrà da pensare che non esiste via d'uscita.

In quei momenti abbiate cura di essere felici, nonostante tutto.

Torno a casa e sento i respiri regolari di mamma e papà filtrare dalla porta socchiusa della loro stanza da letto.

Non è tardi, così decido di uscire sul balcone e di guardare in faccia la notte, buia e luminosa nello stesso tempo.

È il momento di leggere la lettera di Irene.

Ciao Andrea,

so quanto le ami, le parole, ed è per questo che le ultime ho voluto tenerle per te.

Voglio dirti che nell'ultimo periodo l'ho immaginata, la fase terminale della malattia: tante, tantissime volte. E adesso che è arrivata non è così terribile come pensavo. Certo, quando mi hanno detto che non ce l'avrei fatta è stato difficile, ma poi sono andata avanti.

È stato più brutto quando ho dovuto dirlo a tutti, perché bisogna trovare le parole giuste e rispedire in gola il desiderio di piangere. Se ti scappano le lacrime è la fine, poi succede che scappano anche agli altri, e non si finisce di piangere più. È tutto un ingranaggio di piccoli sotterfugi e omissioni per fare in modo di rendere un po' felici le persone a cui vogliamo bene.

Mi dispiace per il sorriso di mamma.

E per il tuo.

Ci sono così tante cose che avrei voluto che non so da dove iniziare: vorrei dirti le parole giuste per farti stare meglio, vorrei non aver avuto il cancro e non averti costretto a vedermi stare male, vorrei che tutto fosse andato diversamente, ma non è successo.

In fondo non avrei voluto altro che diventare una donna al tuo fianco.

Però ti chiedo di non incolpare nessuno per questo. Io non sono stata fortunata, perché non ho avuto molto tempo a mia disposizione, è vero, ma ho pur sempre avuto la fortuna di incontrare te; ed è molto più di quanto avessi mai potuto desiderare.

Ci sono momenti che non si possono scordare, attimi che non cambieremmo con nient'altro al mondo.

E tu sei quell'attimo che non scorderò mai, che non cambierei mai.

Se stai leggendo questa lettera, vuol dire che forse non ci rivedremo più, ma prima di andare via vorrei lasciarti una sorta di elenco delle cose che desidero per te.

Per prima cosa voglio augurarti una vita felice, una vita piena, una vita viva. Voglio augurarti di guardarti indietro con il sorriso.

Ti auguro una vita lunga, una vita vera, una vita all'altezza di tutti i tuoi "vorrei".

E poi, Andrea, vorrei tanto che non ti dimenticassi di amare. E che non perdessi la speranza del "per sempre".

Amore mio, prenditi il tuo tempo. Ma poi promettimi che mi lascerai andare...

Qui, se finisce qualcosa, finiamo noi. Non finisci tu...

Innamorati, Andrea.

Innamorati di una ragazza con dei valori. Educata e rispettosa. Soprattutto rispettosa.

Innamorati di una ragazza capace di farti ridere.

Innamorati di una ragazza con il potere di scuoterti dentro senza un perché.

Innamorati di una ragazza che legge.

Innamorati, e non smettere mai di amare la tua famiglia, perché nessuno sarà mai importante come la tua mamma e il tuo papà.

Non posso chiederti di non essere triste, quando succederà quello che sta per accadere.

Lo so.

Poi, però, ricostruisciti.

Raccogli il tuo cuore. Ti ho amato troppo, per riconsegnartelo rotto. Ti voglio con il cuore al posto giusto.

E non perdere mai quell'attenzione a ogni gesto che possiedi ora.

Ricordati sempre della gentilezza: verso chi ami, ma anche verso chi incontrerai per la prima volta.

Abbi cura dei tuoi amici e non dare mai per scontata la loro presenza. Dai loro sempre un motivo per restare.

E poi, la cosa più importante, amore mio.

Io ti voglio felice.

Quindi cerca di esserlo, e non scordare il nostro motto: «Non dimenticarti dei sogni», perché sono sempre lì, a portata di mano, ad aspettare qualcuno abbastanza coraggioso da corrergli incontro.

Cammina sempre verso i tuoi desideri.

Non rinunciare mai. Non mollare mai. Niente è impossibile.

L'importante, amore mio, è crederci.

Credi negli incontri inaspettati, negli incroci degli sguardi… e in quelli del cuore.

Grazie di esserci stato, Andrea.

Grazie per essere stato la mia carezza nei momenti di sconforto, grazie perché mi hai insegnato a essere felice e grazie per avermi fatto il più bel complimento di tutti, quel giorno, dicendomi «ti amo».

Non sono andata via. Sarò sempre lì, nel tuo cuore, insieme a tutte le altre tue emozioni.

A un passo dal cielo.

A un passo dal mondo.

A un passo da te.

Me li hai fatti amare i tramonti, Andrea, e rimarrai sempre tu, il mio tramonto più bello.

Goditi la vita.

Io avrei voluto averne una in più solo per continuare a starti accanto.

Irene

Ci sono notti che ti segnano, notti che cambiano tutto e che non finiscono nemmeno di fronte ai raggi sfacciati del sole al mattino, incuranti del buio che continuiamo a portarci dentro.

Mi sento a metà, come un fuoco d'artificio pronto a esplodere e che alla fine, invece, implode in se stesso.

Faccio cadere la lettera di Irene e piango tutte le lacrime che ho.

30

Una vita basta per amare una persona?

Il giorno prima della morte di Irene è successa una cosa che non dimenticherò mai.

Irene era seduta sul suo letto, le lenzuola ripiegate sulle ginocchia e la schiena appoggiata alla spalliera. Mi ascoltava mentre leggevo *Cent'anni di solitudine*, di Gabriel García Márquez.

Quando ho richiuso il libro e alzato lo sguardo ho percepito un leggero movimento delle sue labbra, che cercavano di sollevarsi in un sorriso.

È stato un attimo di serenità improvvisa e così com'è arrivato se n'è andato.

In quel momento ho sentito tutta la gratitudine che lei provava per me.

E mi sono emozionato.

Irene si è addormentata con il viso stanco e la mano fredda nella mia.

E poi, mentre dormiva, ha iniziato a piangere. Ma

erano delle lacrime silenziose, quelle che scendono quando piangono solamente gli occhi.

Non ho mai sentito il bisogno di pregare, ma quella sera, invece, sono uscito e sono andato in chiesa.

Mi sono inginocchiato per terra, davanti all'altare, ho giunto le mani e alzato lo sguardo verso il crocifisso. L'ho guardato negli occhi. Volevo che capisse che cosa stavo provando, che capisse che avevo bisogno di Irene e che anche lei aveva bisogno di me.

Gli ho chiesto perché.

Sono rimasto lì un sacco di tempo, senza ottenere risposte. La luce delle candele danzava nell'aria e giocava a illuminarmi il viso.

Quando sono uscito il sole era già alto e io non ero stanco, così ho preso l'auto e sono andato al bar a fare colazione.

Ho guardato il paese scorrere fuori dal parabrezza.

Chissà quante persone stavano vivendo una situazione simile alla mia. Chissà quante avrebbero avuto bisogno di un abbraccio, di un sorriso, di una carezza, di una parola di conforto. Chissà quante, prima di addormentarsi, sussurravano sottovoce: «Domani andrà meglio».

E invece quel domani non arrivava mai.

Ho chiesto al cameriere un foglio e una penna.

Volevo scrivere una cosa per me.

Una lettera per non dimenticare.

Ciao Andrea,

quanti anni hai oggi? Sei cresciuto? Sei cambiato? Ti piace ancora la montagna oppure adesso ami solo il mare? Hai ancora il vizio di guardare fuori dalla finestra prima di addormentarti? Sei felice ora?

Ecco, soprattutto questo.

Sei felice ora?

Ti scrivo questa lettera per non dimenticare.

Ti scrivo perché un giorno, quando tutto questo ti sembrerà lontano e meno importante, quando ti sveglierai la mattina e Irene non sarà più il primo pensiero della tua giornata, quando non ti ricorderai più perché la amavi, potrai leggere, e ricordare.

Ricordati del primo giorno che l'hai incontrata, in quel bar e poi su quella panchina.

Ricordati della lista dei vostri desideri, dell'emozione che provavi mentre la guardavi.

Ricordati dei brividi che hai provato quando ti ha detto: «Ti amo, sei la cosa più bella che mi sia mai capitata».

Ricordati delle vostre risate, dell'allegria, della magia.

Ricordati delle litigate, delle urla, degli insulti. Ricordati soprattutto degli insulti, ricordati del male che ti facevano, perché quello era amore.

Ricordati degli sguardi complici e dei giochi.

Ricordati del terrore che hai provato quando ti ha detto: «Andrea, sto morendo. Ho il cancro».

Ricordati quando ti chiedeva di accompagnarla alle sedute di chemioterapia.

Ricordati della mattina in cui è entrata in bagno con i capelli ed è uscita senza. Ricordati che in quel momento hai pensato di volerla accanto per sempre.

Ricordati dei silenzi, della sofferenza, delle cose belle e delle cose brutte.

Ricordati delle promesse, di ciò che volevate fare insieme, ricordati dei suoi occhi, della sua voce, del suo profumo.

Ricordati che la amavi per i suoi momenti di pazzia, per l'ottimismo, perché riusciva a darti un buonumore che durava per giorni.

Ricordati della cena in quell'ospedale.

Ricordati che quella per lei era la felicità.

Ricordati che la amavi semplicemente per le piccole attenzioni quotidiane, con le quali ti faceva sentire importante.

Non lasciare che il tempo porti via con sé questi ricordi, perché le cose vere meritano di restare, di continuare a vivere nel cuore delle persone che rimangono.

Ricordati che anche Irene è esistita, che anche Irene è stata vera.

Ricordati che lei non c'è più.

Ricordati che non voleva andare via.

Te la ricordi, Andrea?

Come stai ora? Ti piace ancora la crema o preferisci la marmellata? Hai imparato a cucinare o ordini sempre la pizza perché sei pigro? Hai un lavoro? Ti piace passeggiare? Sei felice?

Ecco, soprattutto questo. Sei felice?

Ciao Andrea,

Andrea

Ci sono tanti tipi di amore, come tante sono le emozioni che ci lasciano dentro. Ci sono amori inaspettati, amori che nascono piano, amori che si riconoscono subito. Ci sono amori che camminano sulle note delle canzoni, amori che hanno il sapore delle cose impossibili, amori appesi alle stelle. Ci sono amori che si fanno spazio fra i battiti del cuore e fra le mani che tremano.

Ci sono amori che sanno di girasole, quelli che portano con sé l'odore dell'estate, e poi ci sono gli amori mancati, quelli che ti sfiorano ma non sbocciano mai, quelli che profumano di primavera ma che lasciano addosso l'amarezza dell'autunno, perché provocano un brivido improvviso.

Quelli che non sono "per sempre" solo per un soffio.

Sono questi gli amori che lasciano il cuore pieno di quegli spazi vuoti che si chiamano mancanze.

E poi c'è il nostro amore, quello fra me e Irene.

Un amore interrotto come una canzone senza finale, un amore che poteva essere tutto, un amore irrealizzato, come tutte le promesse che ci siamo fatti.

Irene però mi ha insegnato ad amare.

Ma, soprattutto, mi ha insegnato che in amore bisogna sempre partire da ciò che unisce e mai da ciò che separa.

È un guscio pieno di cose belle, Irene. Così tante che forse una vita non basta a dirle tutte.

Che poi, me lo chiedo spesso: ma una vita basta per amare una persona?

Ci saranno tantissimi letti vuoti nella vostra vita.

Succede a tutti di sentire un *crac* nel cuore. In quei momenti ci concentriamo sul dolore e sulla perdita, su ciò a cui abbiamo rinunciato.

In fondo sono infinite le strade che abbandoniamo in favore di una sola, senza nemmeno sapere dove ci porterà. Eppure la bellezza del mondo è proprio questa.

Alla fine poco importa se la nostra destinazione è una vetta oppure un burrone, l'unica cosa che conta sono i battiti del cuore fra ogni inizio e ogni fine.

Tanto finisce tutto, no?

E allora perché perdere tempo a pensare a quando finisce, se possiamo usarlo, il tempo, per riempirlo di attimi da ricordare?

Non abbiate mai paura di scegliere. Non corrucciatevi a pensare a quello che avrebbe potuto essere, a chi avreste potuto essere, non conta cosa abbiamo lasciato andare, ma quello che abbiamo guadagnato.

E più di tutto, più di quello che c'era e più di quello che sarà, conta ciò che rimane.

Quando siete indecisi, non pensate mai a cosa vorreste guadagnare, pensate piuttosto a ciò che non volete perdere.

Perché sta lì, il segreto.

Tutto il caos che attanaglia la nostra vita svanisce quando capiamo che cosa non siamo disposti a lasciare andare.

Ho finito di fare colazione e sto per alzarmi, quando mi squilla il telefono.

È Sabrina.

«Andrea, Irene non c'è più.»

31

Si misura in brividi, l'amore

C'è un momento, dopo la morte della persona che ami, in cui senti un leggero solletico sopra l'ombelico e ti sembra di sentirla più viva che mai.

Al funerale di Irene c'è tutto il mondo: ci sono io, c'è Sabrina, ci sono mamma e papà, ci sono i miei amici, ci sono Loris, Sergio, Gabriele, Bruno e tutti gli altri.

E c'è anche Max.

Lo trovo sotto casa ad aspettarmi, vestito tutto elegante.

Quando lo vedo scoppio in un pianto incontrollato.

«Non pensavi davvero che ti avrei lasciato solo in un momento come questo, vero?» mi dice, prima di abbracciarmi forte.

È abbronzato e gli è cresciuta la barba, ma è sempre lui.

Sopra Nosellari, poi, splende un sole di quelli che nascono in primavera assieme ai fiori, sfacciato come chi ha vinto l'inverno, e un'aria tiepida, tipica dell'estate che sta per cominciare.

Nel mio cuore però imperversa la bufera.

Del funerale non ricordo niente, solo che faceva tanto freddo e che a un certo punto sono salito sul pulpito.

«Ciao a tutti. Ero il ragazzo di Irene. Lo so, non è una novità, ma ne sono così orgoglioso che devo dirlo per forza. Perdonatemi. Non starò qui a srotolare una sfilza di tristezze giusto per farvi piangere, anche perché questo giorno è già abbastanza triste di suo. Irene, invece, era una ragazza felice. Ci sono attimi che non si possono raccontare, emozioni così vere che vanno difese come si fa con i segreti. Per questo non parlerò della storia d'amore fra me e Irene, perché è stato qualcosa di nostro. Io e lei ci siamo detti tutto quello che potevamo dirci, in questi mesi, e ciò che non potevamo esprimere a parole ce lo siamo comunicati in un altro modo. L'unica cosa che voglio dirvi, quindi, è che essere felici è un sogno. E io con Irene ho sempre sorriso.»

Faccio una pausa.

«Irene un giorno mi ha detto che nella vita ci vuole fortuna e che a lei è stata negata. Irene ha avuto meno tempo di quanto ne desiderava ed è per questo che stasera, quando torneremo nelle nostre case, vorrei che ci ricordassimo di quanto siamo fortunati a possederne ancora un po'. Lasciamo che la sua malattia ci faccia sentire dei privilegiati. Andiamo a casa, guardiamoci negli occhi, abbracciamoci, raccontiamoci il bene che ci vogliamo, perché nessuno deve morire con il rimpianto di parole non dette, di frasi che rimangono silenzi.»

Alla fine, poi, mi è venuta voglia di parlare direttamente con lei.

«E comunque, Irene, cosa ci importa a noi, del tempo? Alla fine, l'amore, quello vero e totale, è un po' come l'acqua. La percezione della sua quantità dipende dal contenitore in cui la metti. Se prendi una brocca piena d'acqua e la svuoti in un secchio, questo ti sembrerà vuoto. Ma se la stessa brocca la versi negli shot di Winny, quelli che prendi e bevi in un sorso senza nemmeno rendertene conto, allora be', ce ne vorranno di bicchierini... Ma la quantità è sempre la stessa. Con l'amore funziona nello stesso modo. I brividi di una storia breve in mezzo a una vita lunga vanno a perdersi fra tutte le altre emozioni che ci offrirà il mondo, mentre una storia di qualche mese in una vita finita troppo presto non sbiadirà mai. L'intensità del sentimento però non cambia: l'amore va misurato in sensazioni, brividi, sorrisi strappati dopo un pianto strozzato. Non in tempo. Non esiste un contenitore immaginario da riempire. Il tempo e l'amore vanno misurati in battiti di cuore accelerati. Quindi perché chiedere: "Da quanto state insieme?". La domanda giusta è: "Come state insieme?"»

Sospiro.

«Irene, amore mio, sei stato tu il mio battito accelerato, e questo vale molto più del tempo che abbiamo effettivamente trascorso insieme. Tu ne avevi poco e hai voluto dedicarlo a me. Grazie per tutti i tuoi secondi.

«Avrei voglia di dirti tutto, ma alla fine non dirò niente. La mia euforia si è trasformata in desiderio di averti accanto, adesso che sei lontana anche dagli occhi. Volevo dirti che nessuno brillerà come facevamo noi due insieme, che non ti correrò più incontro, che non ci sei più, ma che mi disegni gli occhi e tutti i sorrisi che ci stanno dentro. Ho imparato che ci sono persone che ti mollano la mano, ma ti lasciano nel cuore tanti piccoli coriandoli colorati.

«Dio solo sa quanto avrei voluto salvarti. Solo che a volte l'amore non basta e noi non ci possiamo fare niente. Non ci saranno più tante cose, ora: non ci saranno le tue mani calde quando mi sentivo perso, il tuo petto a calmarmi quando ti dicevo che il mondo mi piace ma con te accanto un po' di più, i sacchetti di patatine vuoti ammucchiati in un angolo di quella tenda che da tua è diventata nostra. Non ci saranno più le canzoni cantate in macchina, i libri di notte, la voglia di scappare e quella di restare. Non ci sarà più questo e non ci saranno più tantissime altre cose, ma soprattutto non ci saremo più noi. Ci sono storie in cui gli attimi diventano per sempre. La nostra è una di queste.

«Li realizzerò tutti i miei sogni, lo so. Ma volevo dirti che mi mancherai, quando sarò felice.»

32

Resti?

Qualche mese dopo la scomparsa di Irene, in un cassetto della mia stanza, ho trovato un biglietto che è diventato il titolo del mio libro.

RESTI?

«Resto.»

33

È sempre dal dolore che nasce il sorriso

Un anno dopo

«Andrea, sveglia! Sono le nove!» La voce di papà mi fa sobbalzare.

Apro gli occhi, ancora assonnato bevo il caffè che mamma mi ha portato poco fa, indosso qualche vestito a casaccio e scendo di sotto a recuperare il pane che Gabriele, come ogni mattina, ci ha consegnato con il suo furgoncino bianco.

Quel NICOLA X 5 scritto con il pennarello nero mi fa sorridere dentro.

Luigi, il nostro vicino, è curvo a potare l'aiuola e le montagne attorno sembrano disegnate dal sole di inizio luglio.

Torno di sopra e metto a scaldare un bricco di latte, mentre mamma è chiusa in bagno e papà è in balcone a leggere il giornale.

«Papà, questa sera c'è la Cena nelle cantine?» chiedo mentre mi siedo per fare colazione.

«Sì, tua madre è felice perché così non deve cucinare.»

«Nicola, guarda che ti sento!» Io e papà ci scambiamo uno sguardo complice.

La Cena nelle cantine è un'occasione in cui tutto il paese si riunisce attorno al buon cibo. Si cucinano pappardelle al ragù di cervo, funghi, polenta, crauti e salsiccia e tutte le famiglie aprono le cantine delle proprie case, apparecchiate a festa: chi cucina gli antipasti, chi i primi, chi i secondi, chi la torta di mele e chi lo strudel.

Tutta Nosellari si raduna e si cena in compagnia.

Bruno si fa sempre dare qualche piatto in più e lo porta a casa agli anziani che non escono più a passeggiare, Loris invece lo fa perché così i giorni successivi non deve cucinare e può dedicarsi solo ai suoi quadri, io perché ho tanta fame.

«Pensi di esserci?» mi chiede papà.

«E me lo chiedi?»

Papà è cambiato. Brontola meno, sorride di più.

Anche nella nostra famiglia qualcosa è cambiato, si respira una serenità che da qualche tempo avevamo dimenticato.

Qualcuno mi lecca la mano: è Aragorn, che l'ha scambiata per le sue crocchette.

«Esco con questo bestione» esclamo.

Papà fa solo un cenno affermativo con la testa, mentre dal bagno mia madre urla: «A dopo».

Sono trascorsi due anni: due anni dalla partenza senza ritorno di Max, due anni dalle mie chiacchierate con lui al mattino, due anni dal giorno in cui per la prima volta Irene ha posato i suoi occhi su di me. Dal giorno in cui i nostri pensieri e le nostre mani non si intrecciano più, invece, ne è passato uno.

Ho imparato che a volte il cuore si ferma, ma il mondo mai.

Anche Nosellari, con le sue vie, con gli orticelli, i boschi, i pascoli e le sue solite abitudini, a modo suo, è andata avanti pur rimanendo sempre uguale.

Quando se ne va la persona che ami, il dolore non esce fuori subito. Non tutto, almeno. I primi giorni la consapevolezza è ingannata dal tempo che non è trascorso. Poi però ti accorgi che l'assenza di una persona si sente in quei piccoli gesti quotidiani, che ormai si erano trasformati in minuscole abitudini capaci di regalarti un sorriso.

L'assenza di Irene l'ho sentita in tutte le merende senza di lei, in un letto piccolo eppure troppo grande, nel suo profumo addosso che però non c'è più, e per la prima volta in vita mia mi sono sentito abbandonato.

Nosellari però, con la sua semplicità, mi ha salvato: i caffè caldi di mamma, Sergio e il giornale di papà, uscire con Aragorn appena sveglio, il verde che conosco a memoria, il lago e i bagni a mezzanotte, le camminate in montagna, i cocktail di Winny, Lorenzo che non c'è ma c'è sempre, la musica di Loris la notte, l'odore dei funghi in camera da letto, andare a trovare nonna, il fuoco in soggiorno, la neve che non finisce mai, gli abbracci con Sabrina al supermercato, le ore al telefono con Max e a fissare il muro, immaginandolo qui con me, la festa campestre, le cene da Ugo, la messa della domenica e gli gnocchi al campo da calcio, Francesca che corre a cercare l'amore, Laura che si innamora di nuovo e Edo che inventa sempre storie nuove.

Io mi aggrappo a tutto questo, quando mi siedo al bar con un bicchiere di vino davanti, e i miei amici parlano e il mondo ride, e ripenso a quando i miei polpastrelli le accarezzavano la schiena, a quando si arricciava i capelli, a quando camminava a piedi nudi per casa, a quando nascondeva gli occhi nel cuscino, a quando entravo in stanza e tutto sapeva di lei. Alle mani scaldate dalle tazze di cioccolata, alle litigate e ai suoi messaggi, e ai momenti belli ma non perfetti. Poi ai sorrisi complici, ai brividi, alla voglia di viaggiare e a quella di restare.

E a quella sensazione di quando la guardavo e la pancia urlava: «Non mi manca più nulla».

Quando nella mia testa succede tutto questo, io mi guardo attorno e vedo Nosellari, e penso a tutto ciò che di bello può regalarti un mondo così.

Perché Irene, andando via, mi ha insegnato che, anche se le lacrime ci offuscano il sorriso, si possono scorgere tante piccole cose belle, nascoste nei dettagli.

Quando muore la persona che ami impari che ci

sono due tipi di vita: la vita che resta e la vita che va, e anche se a volte ti viene voglia di urlare, bisogna imparare ad accettare la vita che va per amare la vita che resta.

Alla fine, alla Cena nelle cantine decido di non andarci, perché nessuno ha voglia di venirci con me.

Francesca vuole rimanere a casa a guardare un film, Edo ha una febbre da cavallo e Laura ha appuntamento con Carlo, il suo nuovo ragazzo.

Così, quando i miei genitori escono, mangio un'insalata e decido di fare una passeggiata nel bosco. Di notte, camminare fra gli alberi mi piace ancora di più: la luce della luna filtra tra i rami e colora le foglie d'argento.

Immerso in quel silenzio quasi assoluto e avvolto dall'odore della natura, finalmente, dopo così tanto tempo che neanche me lo ricordo più, sento il cuore riprendere il suo posto nella parte sinistra del petto, che era rimasta vuota.

Mi sento all'improvviso leggero e svuotato del dolore che ho covato in questi mesi.

Io non lo so quante lacrime dobbiamo versare per trasformarle in sorrisi. Ma so che forse non è poi così importante, perché spesso è nella fragilità che si nasconde la bellezza: nelle mani che tremano, in un sorriso deluso, nei frammenti di un cuore spezzato.

La tristezza non è altro che un'occasione per essere di nuovo felici.

Ho imparato che bisogna viverlo, il dolore, e prendersi tempo perché faccia il suo corso.

È sempre il dolore che conduce al sorriso.

Allora le lacrime non vanno asciugate, ma catturate con le labbra, fino a quando non saremo pronti a trasformarle in qualcos'altro. Magari in un bacio.

D'un tratto mi accorgo che i passi mi hanno portato a quella casa sull'albero che ho costruito da bambino e che aveva dipinto lo stupore negli occhi di Irene.

Non faccio in tempo a sprofondare nei ricordi, che vengo catturato da una luce flebile che filtra dalla piccola finestra di legno.

Strano che ci sia qualcuno qui, a quest'ora. Decido di andare a controllare e, con cautela, inizio ad arrampicarmi.

Arrivato in cima, faccio capolino e mi ritrovo davanti una ragazza che non ho mai visto: i capelli bruni lunghi fino alle spalle, una maglietta blu, i piedi nudi, un libro stretto fra le mani, gli occhi scuri fissi su di me.

Stupito e in equilibrio precario sulla scala fatta di rami, mi aggrappo al tronco per non cadere.

La vedo corrugare la fronte e guardarmi curiosa.

«Cosa ci fai qui?» mi chiede.

Mi aspettavo più un «chi sei?», ma non glielo dico.

«Passeggiavo. Questa casa sull'albero l'ho costruita io anni fa. Vedendo una luce dentro mi sono spaventato.»

«Ah, scusami. Non credevo che appartenesse a qualcuno.»

«Non preoccuparti.»

«Devo andare via?»

«Figurati, puoi rimanere.»

Mi sorride.

«Che cosa leggi?» le chiedo.

«*Momenti di trascurabile felicità*, di Francesco Piccolo.»

Sento il cuore sprofondarmi nel petto.

È lo stesso libro che ho consigliato a Irene, due anni fa, il giorno in cui ci siamo conosciuti.

«Va tutto bene?» mi chiede.

La guardo negli occhi un po' confuso. «Sì. Scusa.» Sospiro: «E tu, come mai sei qui?»

Con lo sguardo indica Nosellari. «Cercavo un posto lontano da tutto quell'odore di salsiccia.»

Rido.

E ride anche lei.

«Mi chiamo Andrea, e tu?»

«Ludovica.»

Allunga la mano e con un sorriso mi aiuta a entrare.

Ringraziamenti

Ho pensato molto se scrivere o meno i ringraziamenti, perché mi sono sempre detto che ci sono affetti che non hanno bisogno di essere manifestati.

Però ci sono alcune persone a cui devo tanto.

Mamma: perché mi è sempre stata vicina, perché mi ha visto crescere e diventare, anche grazie a lei, l'uomo che sono orgoglioso di essere.

Papà: perché mi ha insegnato a essere forte, ad affrontare sempre tutto con grande dignità, a crederci sempre e a non mollare mai. Perché anche se non c'è più, c'è sempre.

Le nonne: perché da bambino mi facevano cucinare gli gnocchi, perché hanno sempre il sorriso dipinto in volto e perché dicono le parolacce. Perché mi rattoppano i pantaloni, perché mi offrono il succo all'albicocca e perché quando servono il caffè usano ancora la zuccheriera.

Nella vita di tutti i giorni: Lorenzo, perché è un amico fedele, Ilir, perché avvicina le distanze, Leonardo, perché ormai c'è sempre, Francesca, perché è il silenzio che è tutto, Eleonora, perché è un'enciclopedia, Edoardo, perché è famiglia, Massimiliano, per tutti gli anni insieme, Laura, perché per l'amicizia non è mai tardi.

Grazie.

Indice

Indice

Finito di stampare nell'ottobre 2020 presso
Grafica Veneta - via Malcanton, 2 - Trebaseleghe (PD)
Printed in Italy